C781	Contos de Andersen, Grimm, Perrault / [coordenação Edson Meira ; ilustração Eduardo Trujillo e Marcela Grez ; Maria Luísa de Abreu Lima Paz]. - Curitiba, PR : Libris, 2011. 238p. : il. ; 23 cm
	ISBN 978-85-64804-57-9
	1. Literatura infantojuvenil dinamarquesa. 2. Literatura infantojuvenil alemã. 3. Literatura infantojuvenil francesa. I. Meira, Edson. II. Trujillo, Eduardo. III. Grez, Marcela. IV. Paz, Maria Luísa de Abreu Lima. V. Andersen, H. C. (Hans Christian), 1805-1875. VI. Grimm, Jacob, 1785-1863. VII. Perrault, Charles, 1628-1703
11-6088.	CDD: 028.5
	CDU: 087.5
15.09.11 23.09.11	029817

© Susaeta Ediciones, S.A.
Todos os direitos reservados.

© 2016 desta edição:
Libris Editora Ltda.
Av. Marechal Floriano Peixoto, 1742, sala 2
80230-110 – Curitiba – PR – Brasil
Todos os direitos reservados.

Ilustrações: Eduardo Trujillo e Marcela Grez
Tradução: Maria Luísa de Abreu Lima Paz

IMPRESSO NA ÍNDIA.

Contos de Andersen, Grimm e Perrault

libris

Contos de
Andersen

A Pequena Sereia

Há muitos anos, quando o fundo do mar tinha lindos palácios de mármore e coral habitados por sereias, existiu uma que era a mais bela de todas.

Era a mais jovem de seis princesas-sereias que viviam num palácio encantado no fundo das águas. Tinha a pele rosada e olhos tão azuis como a água do mar, porém sentia-se infeliz.

— Mamãe — a pequena sereia perguntou um dia a sua mãe —, quando poderei sair à superfície para admirar as coisas tão belas que existem na terra?
— Quando tiver quinze anos — respondeu a mãe. — Então poderá sentar-se sobre as rochas à luz da lua e admirar os barcos que cruzam os oceanos...
Mas a sereia, não podendo conter sua impaciência, nadou até a superfície sem que ninguém a visse.

O mar estava bastante agitado e a sereia, cheia de espanto, viu um barco se chocando contra os recifes. Em seguida, ouviu a voz de um jovem pedindo socorro.

A sereia nadou até ele e segurou-o pelos cabelos, antes que afundasse.

— Desmaiou... — disse a sereia. — Vou tentar mantê-lo flutuando e levá-lo até a praia.

Quando amanheceu, os homens e as mulheres da cidade encontraram o jovem na praia. A sereia, escondida atrás de algumas rochas, viu os gestos de alegria da multidão.

— Nosso príncipe está salvo! — gritaram.

A pequena sereia viu o príncipe sorrir aos que o aclamavam e entrar com eles num grande palácio branco.

E, triste por não ter recebido o agradecimento de seu protegido, a sereia voltou para o fundo do mar e nunca mais sorriu.

— O que você viu na superfície? — perguntaram suas irmãs, curiosas.

Mas ela não respondeu. Sempre havia sido quieta e pensativa, mas desde aquele dia, tornou-se ainda mais.

Procurou distrair-se cuidando das lindas flores de seu jardim submarino, mas ficou mais triste ainda ao recordar as maravilhosas flores da terra, a cor do céu e a carícia do vento.

Muitas vezes subiu à superfície, nas noites de luar, mas nunca voltou a ver o príncipe.

Um dia, não podendo mais conter sua dor, contou a suas irmãs o que havia acontecido.

— Se pudesse caminhar pela terra — disse a elas —, iria procurar o príncipe e nunca mais sairia do seu lado.

— Talvez você consiga realizar seu desejo, se falar com a bruxa que vive na Caverna dos Naufrágios — disse um polvo que escutava a conversa.

A pequena sereia foi até a caverna e encontrou a bruxa, que lhe perguntou com uma voz desafinada:

— O que quer de mim?
— Quero ter duas pernas como as princesas da terra.
— Você se apaixonou pelo príncipe, não foi?
— Sim — respondeu a sereia, com voz trêmula.
— Vou ajudar você — prometeu a bruxa. — Farei com que seu rabo de peixe transforme-se num par de pernas, mas você terá que me dar algo em troca.
— Darei o que você quiser — disse a sereia. — Todo o ouro que existe no mar, colares de pérolas e de coral...
— Não! — interrompeu a bruxa. — Nada disso me interessa. O que quero é a sua voz.
— Mas, se tirar minha voz, como poderei falar com o príncipe? — perguntou a sereia.

— Ele lerá em seus olhos o que você sente, sem necessidade de palavras.

— Tudo bem — concordou a sereia, resignada. — Vou lhe dar a minha voz em troca das duas pernas que me permitirão chegar até o príncipe.

— Tome esta poção — disse a bruxa, agora com a voz doce da pequena sereia — e seus desejos serão realizados.

A sereiazinha bebeu a poção da bruxa e seu rabo de peixe desapareceu, dando lugar a um par de pernas. Depois de caminhar entre bosques e montanhas, ela chegou à cidade e descobriu que estavam dando uma festa no palácio do príncipe.

— Não a deixarão entrar, menina — disse um coelhinho curioso que estava na porta.

"Por que não?" — pensou a sereia. — "Meu traje é tão belo quanto o dessas damas que dançam no salão."

Tal como ela imaginou, ao vê-la tão bonita e elegante, os soldados sentinelas afastaram-se para deixá-la passar.

O príncipe quis dançar com aquela jovem tão bela e elegante. A sereia concordou, emocionada, com um sorriso angelical.

— Como você se chama? — interrogou o príncipe. Mas, como a pequena sereia havia perdido a voz, não pôde responder.

— Você é muda? — voltou a perguntar o príncipe. A sereiazinha, chorando, fez que sim com a cabeça.

— Venha — disse o príncipe.

— Quero que conheça minha noiva. É uma princesa muito bonita como você, e vou me casar com ela.

A sereia desejou gritar: "Eu amo você! Fui eu quem o salvou!" Mas, como não tinha voz, nada conseguiu dizer.

Passados alguns dias, o príncipe casou-se com a bela princesa, que era de um país distante.

A sereia teve que se contentar em segurar a cauda do vestido da noiva. Os sinos tocavam em ritmo de festa, mas para ela soavam tristemente. Os noivos embarcaram num belo navio e a sereia foi se despedir deles na praia. E ali ficou até anoitecer.

Suas irmãs, que saíram à superfície, disseram:
— Não chore mais, irmãzinha. Nós, sereias, nunca podemos conquistar o amor de um ser humano. Você precisa se conformar.
A bruxa devolveu o rabo de peixe à sereia e as seis irmãs voltaram ao fundo do mar.
E, nas noites de luar, a sereiazinha apaixonada ainda volta à superfície para espiar os barcos que passam. Desfilam muitas embarcações, mas em nenhuma delas viaja o príncipe de quem ela, um dia, salvou a vida e por quem tanto sofre de amor.

Polegarzinha

Era uma vez uma mulher que desejava ardentemente ter um filho e consultou uma vizinha que tinha fama de feiticeira.

— Isso é muito fácil — disse a vizinha. — Plante um grão de cevada num vaso e verá o que acontece.

A mulher obedeceu e, dias depois, brotou uma grande e maravilhosa flor parecida com uma tulipa. Era tão formosa, que a mulher a beijou. Imediatamente, as pétalas se abriram, deixando ver em seu interior uma minúscula menininha, linda e gentil, do tamanho de um dedo polegar. Por este motivo, foi chamada de Polegarzinha. O berço da menina era uma casca de noz.

Uma noite, enquanto a menina dormia, um sapo saltou para dentro do quarto através de um vidro quebrado da janela. Ao ver Polegarzinha, disse:

— Esta seria uma bela esposa para o meu filho!

E, carregando a casca de noz, saltou para o jardim pelo mesmo vidro quebrado e foi até o lamaçal onde vivia com seu filho. E que bicho feio e asqueroso ele era!

— Croac, croac, croac... — foi tudo que soube dizer quando viu a menina na casca de noz.

— Não grite, ou vai acordá-la — disse seu pai. — Por garantia, vou colocar seu berço sobre uma planta aquática para que não possa fugir.

Já era dia quando a menina despertou. Ao ver onde estava, começou a chorar amargamente. E ficou mais assustada ainda quando o sapo apareceu ao seu lado, trazendo consigo o feio sapinho.

— Aqui está meu lindo filho, que será seu marido. Agora vamos arrumar sua nova casa.

O sapo e o sapinho levaram o berço, e Polegarzinha ficou sozinha sobre a planta aquática.

Uma borboleta branca, que esvoaçava pelos arredores, veio pousar na planta. Polegarzinha, que era muito esperta, aproveitou a ocasião para fugir dos sapos. Desamarrou seu cinto e amarrou uma ponta em volta da borboleta e outra na planta. E assim navegou velozmente, como se estivesse num barco.

Mas então passou voando um grande zangão que, atraído pela menina, apoderou-se dela e colocou-a sobre uma árvore, enquanto a planta continuava navegando, puxada pela borboleta.

— Que horror! — exclamou a menina.

— E o pior é que a pobre borboleta não conseguirá se soltar da planta e morrerá de fome.

De repente, encontrou-se rodeada por todos os zangões que viviam na árvore. As abelhas, mortas de inveja, começaram a criticá-la, dizendo que era horrorosa porque não tinha antenas. O zangão que a havia raptado, embora se sentisse atraído por ela no início, achou que não poderia suportar uma esposa que todos desdenhassem e resolveu deixá-la sobre uma rosa.

A pobre Polegarzinha passou todo o verão no imenso bosque, mas logo chegou o outono, depois o inverno, e todos os pássaros que haviam cantado para ela se foram, deixando-a sozinha.

Como tremia de frio! Teve que se enrolar numa folha seca e procurar abrigo, que acabou encontrando na casinha do rato do campo, que era bem protegida. O rato acolheu-a com carinho e alimentou-a. Em troca, ela limpava sua casinha.

Mas um dia o Senhor Toupeira veio visitá-lo e gostou tanto de Polegarzinha, que se apaixonou por ela. A casa do Senhor Toupeira comunicava-se com a do rato por um túnel, e ali a menina encontrou uma andorinha, morta por causa do frio.

Polegarzinha beijou-a, depois envolveu-a em algodão, achando que poderia ser uma das que cantaram para ela no verão.

Mas a avezinha não estava morta, e seu coração começou a bater, reanimado pelo calor.

Na noite seguinte, Polegarzinha foi ver sua protegida e, escondida da toupeira e do rato, passou todo o inverno proporcionando alimento e abrigo para ela.

Ao chegar a primavera, a andorinha decidiu ir embora e disse à menina:

— Venha comigo, levarei você em minhas asas...

— Não posso — disse a menina. — Magoaria muito o rato, que foi tão bondoso comigo.

A essa altura, os trigos estavam crescendo e ela podia sair para tomar sol. O rato lhe disse:

— Você precisa preparar seu enxoval e, quando estiver pronto, vai se casar com o Senhor Toupeira.

De tanto fiar e costurar, quando chegou o outono o enxoval estava pronto.

Mas a ideia de casar com uma toupeira a horrorizava.

Chegou o dia do casamento e Polegarzinha, com lágrimas nos olhos, despediu-se do sol, que nunca mais voltaria a ver, já que as toupeiras vivem debaixo da terra.

Então, um som familiar chegou aos seus ouvidos:

— Piu! Piu! — era a andorinha, que passava voando. Ela contou que ia se casar com o Senhor Toupeira e se sentia muito infeliz.

— O inverno está se aproximando — disse a andorinha — e vou embora para países mais quentes. Quer vir comigo? Suba em minhas costas e amarre-se com o cinto! Venha comigo, minha querida salvadora!

— Sim, vou com você! — decidiu Polegarzinha. E levantaram voo por sobre bosques e mares.

Por fim, chegaram a terras quentes, onde o sol brilha esplendoroso, até pararem num pequeno bosque, junto a um lago azul. Um lindo palácio de mármore branco erguia-se ali.

A andorinha deixou Polegarzinha no cálice de uma flor. Que surpresa! Sentado ali, confortavelmente, achava-se um homenzinho transparente, que parecia de vidro e usava uma coroa de ouro. Não era maior que Polegarzinha e, para ela, parecia o ser mais formoso que já havia visto.

Aquele pequeno personagem era um príncipe, e Polegarzinha pareceu-lhe tão bela e doce, que se apaixonou por ela no mesmo instante.

— Sou o príncipe das flores — disse ele. — Quer se casar comigo?

Polegarzinha pensou no horrendo sapo e na assustadora toupeira, seus dois únicos pretendentes até então, e aceitou, felicíssima.

Imediatamente, de cada flor saiu uma dama ou cavalheiro.

Eram semelhantes ao seu principezinho, mas não tão formosos, e lhe ofereceram aromas delicados e asas brancas, para voar quando desejasse.

— De hoje em diante não se chamará Polegarzinha, e sim Maya — disse à menina o elegante príncipe —, porque você merece o nome mais belo de todos.

— Adeus! Adeus! — cantou a andorinha, levantando voo de volta ao seu pequeno ninho.

E a linda menina atirou um beijo àquela avezinha a quem devia sua felicidade.

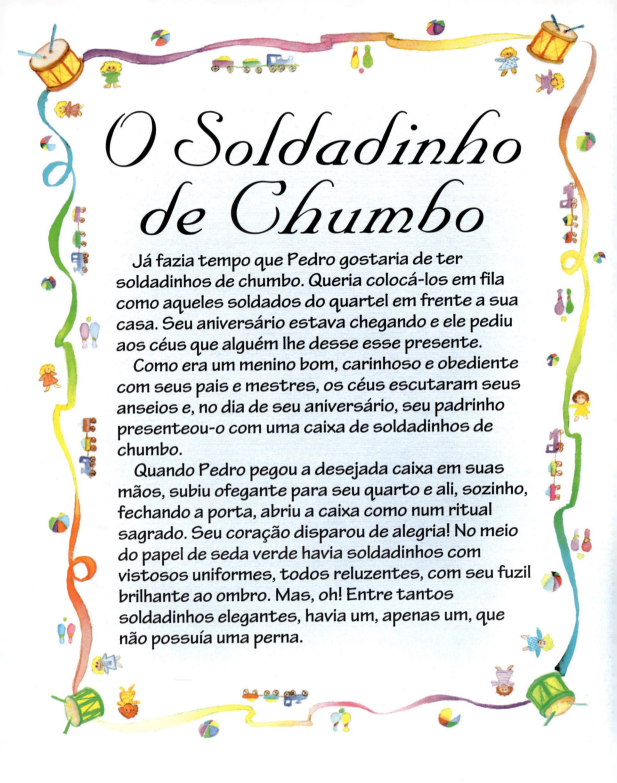

O Soldadinho de Chumbo

Já fazia tempo que Pedro gostaria de ter soldadinhos de chumbo. Queria colocá-los em fila como aqueles soldados do quartel em frente a sua casa. Seu aniversário estava chegando e ele pediu aos céus que alguém lhe desse esse presente.

Como era um menino bom, carinhoso e obediente com seus pais e mestres, os céus escutaram seus anseios e, no dia de seu aniversário, seu padrinho presenteou-o com uma caixa de soldadinhos de chumbo.

Quando Pedro pegou a desejada caixa em suas mãos, subiu ofegante para seu quarto e ali, sozinho, fechando a porta, abriu a caixa como num ritual sagrado. Seu coração disparou de alegria! No meio do papel de seda verde havia soldadinhos com vistosos uniformes, todos reluzentes, com seu fuzil brilhante ao ombro. Mas, oh! Entre tantos soldadinhos elegantes, havia um, apenas um, que não possuía uma perna.

— Que pena! — disse Pedro. — Um soldado tão bonito, e manco... Enfim, o que posso fazer? Paciência...

Pedro tinha muitos brinquedos: um urso de pelúcia com seus redondos olhos negros; um macaco de corda que dava gritos e pequenos saltinhos; um palhaço que dava cambalhotas e piruetas em volta de uma barra de aço; uma locomotiva com seus trilhos; uma caixa de surpresas e uma bailarina de cera, com um saiote de papel. Mas agora preferia seus soldadinhos de chumbo, e com eles brincava de desfiles e de guerra.

Até que um dia soprou uma rajada de vento, fazendo voar para dentro a cortina da janela que dava para a rua. Ela se enroscou no soldadinho manco e o arrastou consigo, fazendo-o cair na calçada.

Pedro desceu as escadas correndo para tentar salvar seu soldadinho. Ele havia caído sobre um montinho de areia e, como caiu de cabeça, ficou enterrado até o joelho só com a perna de fora. Por isso, Pedro não viu o soldadinho, por mais que o procurasse, e voltou para seu quarto desolado. Sua dor e pena eram compartilhadas pela bailarina de cera. Foi ela quem mais sentiu falta do soldadinho, que a olhava com doçura e um raro brilho no olhar.

Dois meninos que iam para a escola viram a perna do soldadinho junto ao monte de areia. Eles o ergueram, limparam e viram que era muito bonito, mesmo sendo manco.

— Este soldadinho é manco! — disse um dos meninos, com desprezo. — Devem ter esquecido de colocar a perna esquerda na fábrica. Assim não vale nada, porque um soldado não pode ser manco! Vamos deixá-lo enterrado aqui!

— Não! — exclamou o outro menino. — Vamos colocá-lo num barco, apesar de não ser marinheiro...

E fizeram um barquinho de papel, colocaram o soldadinho dentro e puseram sobre um pequeno canal.

O soldadinho ficou assustado ao se ver navegando em um barco de papel, mas encheu-se de esperança ao pensar que talvez fosse parar em alguma ilha, onde alguém, compadecido, tirasse-o do barco e o acolhesse em seu lar.

— Um lar! Sim, um lar! — pensou o soldadinho. — E sem saber por quê, lembrou-se da bailarina de cera que costumava olhar para ele.

O barquinho foi navegando rua abaixo até chegar ao esgoto, e seguiu por ele até o mar.

Então o barquinho virou e o soldadinho foi parar debaixo da água. Peixes de todos os tamanhos e cores assustaram-se ao ver aquele estranho objeto brilhante e colorido. Como não sabiam o que era, pediram conselhos a uma velha e sábia corvina.

A corvina, por mais que tentasse decifrar aquele enigma, não conseguiu descobrir o que podia ser aquilo que tanto chamava a atenção dos peixes. E, para tentar disfarçar sua ignorância, aproximou-se do soldadinho e o engoliu de uma só vez.

O soldadinho entrou num lugar mais escuro que o esgoto por onde havia navegado no barquinho de papel. Era a barriga da corvina, que não conseguiu digerir o chumbo do pobre soldadinho.

"Onde é que eu vou parar?" — pensou o soldadinho, aflito. — "Acho que desta vez será meu fim..." E, sem querer, voltou a se lembrar da linda bailarina de cera.

Nisso, uns pescadores lançaram sua rede ao mar e, junto com outros peixes, pescaram também a velha corvina que havia engolido o soldadinho. A corvina foi vendida no mercado a uma cozinheira, justamente a que trabalhava na casa de Pedro! Ela a abriu com uma faca enorme e, com grande surpresa, encontrou o soldadinho de chumbo na barriga do peixe.

— Parece um dos soldadinhos do Pedro! — exclamou a cozinheira. — E que coincidência! Também lhe falta uma perna!

A cozinheira lavou bem o soldadinho, colocou-o sobre a mesa e foi dar a notícia a Pedro.

O menino desceu correndo à cozinha e, com grande surpresa, viu que haviam tirado da barriga do peixe seu soldadinho manco.

— Papai! Mamãe! Vejam! Meu soldadinho apareceu dentro da barriga de um peixe!

Pedro levou novamente o soldadinho para o quarto dos brinquedos. Ao vê-lo, a bailarina de cera olhou para ele com os olhos cheios de lágrimas. Ela estava sobre a lareira e parecia querer dançar e girar.

Assim que Pedro saiu do quarto, o soldadinho e a bailarina entreolharam-se, afetuosamente. Queriam conversar, e até se abraçar, mas os brinquedos só podem se mexer e ganhar vida depois da meia-noite.

Quando o relógio bateu as doze badaladas, os brinquedos fizeram uma festa. O macaco saltou com mais graça e rapidez do que nunca. O urso dançou sobre suas pesadas patas redondas. A locomotiva apitou alegremente, dando voltas e mais voltas sobre os trilhos. E o palhaço deu as piruetas mais engraçadas de sua vida de brinquedo.

O soldadinho foi saltando sobre seu único pé e fez uma reverência diante da bailarina de cera, que olhou para ele com seus belos olhos negros e sorriu.

Os dois se abraçaram bem forte, sentaram no chão e o soldadinho contou a ela as aventuras pelas quais havia passado.

Quando terminou, a linda bailarina derramava lágrimas...

— Não chore, querida bailarina, ou vai estragar seus olhos.

— Estou chorando de alegria, meu pobre soldadinho. Achei que nunca voltaria a vê-lo.

Enquanto isso, os outros brinquedos continuavam a festa, comemorando a volta do companheiro. Nisso, a mando de um oficial, os outros soldadinhos de chumbo entraram em formação e apresentaram as armas diante do casalzinho, que ficou em pé, de mãos dadas.

O oficial gritou "Sentido!", e depois "Descansar!" Em seguida, aproximou-se do casal, deu-lhes a mão e convidou-os a dançar. A linda bailarina sorriu e, em silêncio, olhou para a única perna do soldadinho. O coitado não podia dançar.

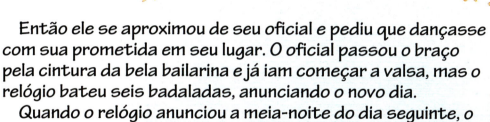

Então ele se aproximou de seu oficial e pediu que dançasse com sua prometida em seu lugar. O oficial passou o braço pela cintura da bela bailarina e já iam começar a valsa, mas o relógio bateu seis badaladas, anunciando o novo dia.

Quando o relógio anunciou a meia-noite do dia seguinte, o oficial e a bailarina recomeçaram a dança. E assim prosseguiu a festa, comemorando o enlace matrimonial do soldadinho manco e da linda bailarina de cera.

A Vendedora de Fósforos

Era véspera de Ano Novo e todos andavam apressados pelas ruas, levando pacotes com doces e guloseimas debaixo do braço. Naquele país era inverno, a noite estava fria e a neve caía sem parar.

Todos passeavam felizes, pensando na festa que fariam em suas casas. Todos, menos uma pobre menina vendedora de fósforos que, infelizmente, havia perdido os velhos chinelos de sua mãe ao correr para desviar de uma carroça.

A neve que caía sobre seus cabelos louros deixava-os graciosamente ondulados em volta de seu rosto.

No bolso de seu avental rasgado, ela levava algumas caixas de fósforos, que oferecia aos que passavam. Mas ninguém estava interessado.

Então, ela resolveu andar sem rumo definido, distraindo-se com as atraentes vitrines, cheias de enfeites maravilhosos.

De tanto caminhar, ficou cansada e sentou-se na rua, num cantinho protegido do vento. Não podia voltar para casa porque, como não havia vendido uma única caixa de fósforos, tinha medo de que seu pai a castigasse. Além disso, em sua casa não havia nada para comer e lá sentiria tanto frio como na rua, já que o vento entrava por todas as frestas.

Como suas mãos estavam geladas, ela achou que, acendendo um fósforo, poderia se aquecer um pouco. Assim, pegou um palito e riscou. Riiisc! A cabeça do fósforo acendeu e sua luz brilhante mudou completamente o miserável aspecto do canto onde se refugiava a pobre menina.

A coitadinha imaginou-se sentada diante de um grande aquecedor a carvão, e como o calor era agradável! Ele se espalhava ao redor da menina e reanimava seus membros enregelados, mas... quando o fósforo se apagou, a ilusão foi embora.

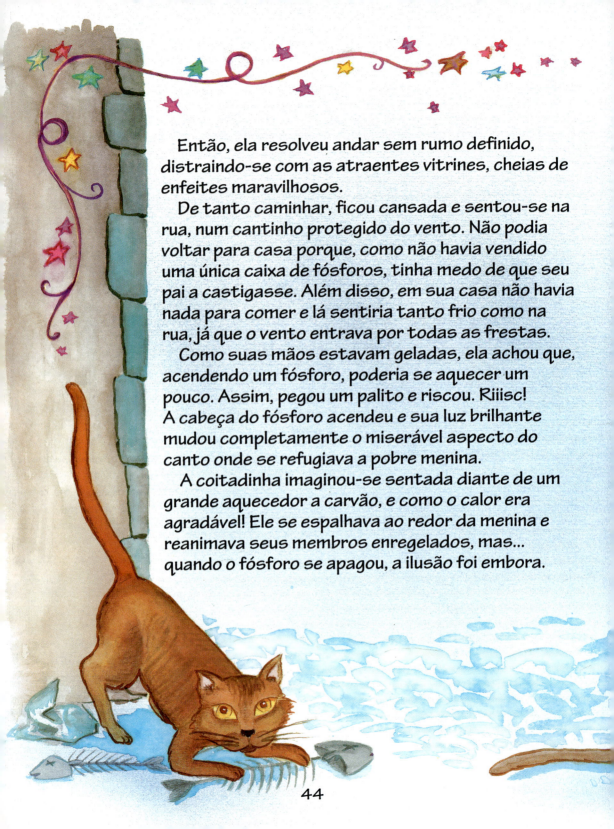

Animada pelo resultado anterior, a menina pegou outro palito e acendeu-o. Riiisc! E desta vez a luz foi tão brilhante, que a parede da casa ficou transparente e a menina se viu sentada com os filhos da família que morava na casa, em volta de uma mesa enorme, repleta de finíssimas iguarias.

A menina ficou com água na boca e estava prestes a erguer seu garfo, quando o segundo fósforo se apagou e nada lhe restou além de um palito queimado.

Então a menina acendeu um terceiro fósforo e se viu aos pés de uma árvore de Natal, cheia de luzes. Mas uma rajada de vento gelado apagou a chama do palito e as luzes da árvore de Natal viraram estrelas.

"Isso quer dizer que alguém está morrendo" — pensou a menina, vendo uma estrelinha riscar o céu.

Ela tinha ouvido sua avozinha dizer que, quando há uma chuva de estrelas, é porque elas descem à terra para buscar a alma dos que morrem.

Um quarto fósforo acendeu uma luz azulada, no centro da qual estava sua avó, que havia morrido já fazia tempo.

A bondosa avozinha olhava para ela com doçura e já não mostrava aquela aparência de frio e cansaço que tinha quando morreu, mas sim estava bela e sorridente.

— Vovozinha, leve-me com você — disse a menina. — Não me deixe aqui, pois estou morrendo de frio.

A avó pegou a menina nos braços e a levou consigo para o céu. Ali não teria frio e não sofreria mais.

De madrugada, as pessoas que voltavam para suas casas encontraram o corpo da pequena vendedora de fósforos, que havia morrido de frio.

Sua carinha inocente mostrava uma felicidade que ninguém compreendia, pois ninguém havia visto as coisas que ela contemplou; só ela, à fraca luz de uma caixa de fósforos.

A Roupa Nova do Imperador

Era uma vez um país muito rico, governado por um poderoso imperador. Ele tinha fama de ser justo e bondoso, mas possuía um defeito: era muito vaidoso e sofria de uma afeição sem medidas por roupas. Sua vaidade era tanta, que num mesmo dia trocava de roupas várias vezes. Esta vaidosa afeição roubava-lhe muito tempo e distraía-o de suas funções de governante. Mas um dia aconteceu algo que o curou para sempre.

Haveria uma festa muito importante para o país e o imperador desejava vestir um traje que deslumbrasse todos que comparecessem à cerimônia. Chamou os mais famosos alfaiates para escolher o tecido e o modelo, mas ninguém conseguia satisfazer plenamente sua vaidade.

— Será possível — exclamava — que vocês não podem me oferecer o que preciso? Tenho que deslumbrar meus súditos!

Um cortesão pediu licença para dar a sua opinião.

— Senhor... — disse o homem. — Ontem eu estava no porto e ouvi dizer que dois extraordinários tecelões haviam chegado. Talvez eles consigam confeccionar o que Vossa Majestade necessita.

O imperador ordenou que lhe trouxessem os dois tecelões. Na verdade, eram dois vigaristas que, sabendo da mania do imperador, desejavam tirar proveito.

Já na presença do monarca, eles se desfaziam em reverências.

— Sua fama — começou a dizer o imperador — chegou até o meu palácio. Em breve haverá uma festa e quero saber que tecidos vocês me oferecem para o traje que devo vestir.

— Ah, senhor! — respondeu um dos pilantras. — O tecido com o qual será feito o traje que Vossa Majestade vai vestir ainda não foi criado. Ninguém o viu ainda e nem deverá ver até que esteja absolutamente pronto. Esse tecido será feito especialmente para o senhor e, para fazê-lo, usaremos um procedimento secreto. Ninguém jamais se vestiu com ele e somente Vossa Majestade vestirá, pela primeira e única vez. Com esse tecido faremos um traje que será a admiração de todo o mundo.

O imperador encheu-se de orgulho e satisfação ao ouvir estas palavras.

— Pois bem — disse ele, enfim. — Só falta vocês me dizerem em que consiste esse tecido tão raro e do que vão precisar.

— Senhor, o tecido é maravilhoso. Deve ser feito com fios de ouro e prata. Porém, o mais extraordinário nesse tecido é que será invisível para todos os que são tolos ou ocupam cargos que não merecem.

O imperador ficou maravilhado: não apenas usaria o mais sensacional dos trajes, como também poderia saber quais de seus ministros e conselheiros eram tolos ou ocupavam cargos que não mereciam. Ordenou que se instalassem no palácio, pois queria tê-los por perto para se informar sobre o progresso da costura.

O tempo passou e os dois tecelões pediam constantemente que lhes fornecessem fios de ouro e prata. Armaram ali o tear e fingiam tecer durante todo o dia. Os fios eram guardados cuidadosamente, é claro, e nada havia no tear. Mas eles moviam os braços como se tecessem e, de vez em quando, paravam para contemplar a obra, exclamando em altos brados:

— Fantástico! Maravilhoso!

Os curiosos que os escutavam informavam ao imperador. Este já não aguentava mais de vontade de ver o tecido, mas devia esperar que o trabalho estivesse adiantado.

Um dia, impaciente, encarregou seu primeiro-ministro de ir até lá ver o tecido. O bondoso homem foi ao cômodo onde os pilantras teciam e, por mais que olhasse, não via nada. Então foi invadido por um medo terrível... Seria ele tolo? Estaria ocupando um cargo que não merecia? Convencido de que o motivo era um destes, fingiu assombrar-se diante da beleza do pano.

— Maravilhoso! — exclamou. — Sim! Isto é mesmo digno do imperador! Vou correndo informá-lo de que o tecido é realmente soberbo.

E depois, com fingido entusiasmo, informou ao imperador que o pano que teciam era maravilhoso.

Esta notícia aumentou a curiosidade do monarca que, dia após dia, enviava um novo emissário para lhe informar sobre o andamento do trabalho. Todos voltavam com a mesma admiração estampada no rosto e, de olhos arregalados, diziam os mesmos elogios, porque morriam de medo de confessar que nada viam.

Finalmente os tecelões anunciaram que o tecido estava concluído e que desejavam tomar as medidas de Sua Majestade para a confecção do traje.

O imperador foi tomar as medidas, cheio de orgulho por poder deslumbrar seus convidados com um traje jamais visto.

Então chegou o momento em que os pilantras anunciaram que o traje estava pronto e, como se o tirassem de um baú, fingiram exibi-lo aos olhos do monarca. Não houve um só na corte que não lançasse uma exclamação:

— Belíssimo! Maravilhoso! Inigualável!

O imperador não sabia que cara fazer porque, na verdade, não via nada... Mas logo compreendeu que precisava fingir, do contrário todos acreditariam que era tolo ou não merecia ser monarca.

— Magnífico! — murmurou, com a voz embargada.

E não teve remédio senão ficar de ceroula. Os falsos alfaiates fingiram vesti-lo e, por fim, convidaram-no a se olhar no espelho. Por mais que olhasse e tornasse a olhar, não conseguia ver a roupa, e sim a ceroula de bolinhas vermelhas.

Então os pilantras fizeram uma reverência e lhe deram passagem. E assim saiu o imperador, no meio de uma fila dupla de cortesãos, até chegar a sua carruagem aberta, onde se exibia diante do povo.

A carruagem partiu e logo começaram a se ouvir os elogios:

— Que traje mais soberbo! Jamais se viu um tecido igual! O imperador está elegantíssimo!

O soberano estava começando a acreditar que era o único a não ver a roupa, quando ocorreu algo curioso. No meio da multidão estava uma mulher que, ao passar pelo imperador, levantou seu filho nos braços para que o visse melhor. E o menino, que não sabia nada das virtudes do tecido, gritou:

— O imperador está de ceroula!

Todos riram, apesar do respeito que sentiam pelo monarca. De fato, aquele menino dizia a verdade: o imperador estava mesmo de ceroula!

O monarca ficou vermelho de cólera e de vergonha. O desfile foi suspenso e o enfurecido soberano deu ordens para prenderem os dois pilantras. Mas eles já haviam fugido com o ouro e a prata que o vaidoso imperador lhes havia dado.

Desde então, o monarca ficou curado de sua mania e nunca mais deu tanta importância à aparência.

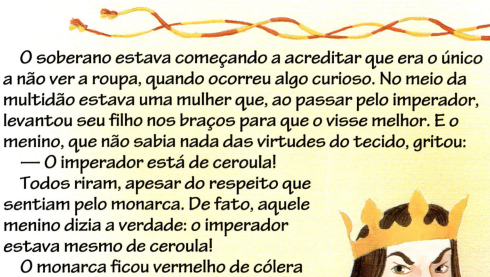

O Patinho Feio

Num velho jardim, uma pata chocava seus ovos sentada sobre o ninho. Havia vários dias, esperava seus filhotes romperem a casca. Certa manhã...

— Quá! Quá! — ouviu, de repente. E cinco lindos patinhos saíram do ninho, mostrando sua delicada penugem amarelinha.

— Como é grande o mundo, aqui fora! — disse à mamãe o mais esperto de todos.

A pata acariciou-o ternamente com a asa e disse:

— E você acha que o mundo é só isso? Está enganado, meu filho. O mundo é bem maior, vai muito além daquela cerca. Agora mesmo vou levá-los para um passeio, para que possam admirá-lo.

E quando a feliz mamãe preparava-se para sair do ninho, viu com muita surpresa que ainda havia um ovo, meio escondido entre as palhas.

— Ainda falta um ovo! — disse, com certo aborrecimento. — E como é grande e diferente... Bem, vou terminar de chocá-lo.

Sentou-se novamente e continuou aquecendo-o por vários dias. Certa manhã, ouviu o canto do recém-nascido.

— Piu! Piu! Piu! — dizia ele, com voz rouca.

— Como é feio! — disse a pata, quando o viu. — Será que é um peru? Bem, vamos saber quando entrar na água.

Sua surpresa foi grande quando, na manhã seguinte, todos os seus filhotes, inclusive o patinho feio, moviam-se na água com certa elegância.

— Talvez tenha me enganado — disse a mãe, observando que o caçula não era tão feio como parecia. — Não há dúvida, este também é meu filho!

Depois de dar algumas voltas com a família pelo terreiro, a pata disse:

— Agora vou levá-los para conhecer o papai. Quando o virem, vocês devem esticar o pescoço e bater as asinhas. Mas fiquem perto de mim e tomem muito cuidado com o gato.

A família dirigiu-se para o galinheiro. Alegre e orgulhosa, a pata mostrou seus filhotes às outras aves, que olhavam a todos com carinho mas, ao verem o patinho feio, cochichavam e riam de sua feiura.

O pato aproximou-se do caçula e deu-lhe uma bicada.

— Deixe-o em paz! — disse a pata. — Que mal o coitado fez a você?

— Nenhum! Mas é tão feio que não pude resistir à tentação de dar-lhe uma bicada.

Mesmo desapontado, o pato disse que podiam ficar no curral. Porém, como continuava sendo alvo de zombarias e bicadas, certo dia em que a pata se descuidou, o patinho fugiu por um buraco da cerca.

Caminhou até se cansar. Quando a noite já se aproximava, chegou a uma lagoa desconhecida. Como estava com sono, deitou sobre a relva para esperar a manhã seguinte. Ao amanhecer, dois patos selvagens aproximaram-se e, entre risos e brincadeiras, disseram:

— Veja só como é feio!...
— É mesmo! Nunca vi tanta feiura!
— Que culpa tenho eu de ser assim tão feio? — queixou-se o patinho.

De repente, soaram uns disparos junto à lagoa. Os dois patos selvagens tentaram fugir, mas foram abatidos por dois tiros certeiros.

Enquanto isso, o patinho se encolheu e tratou de se esconder no meio da relva. E ali ficou, tremendo de medo, até dar de cara com um enorme cachorro que olhava para ele. Achou que ia ser estraçalhado pelos dentes afiados do animal, mas ele deu meia-volta e se afastou.

— Será que sou tão feio que nem os cachorros atrevem-se a me morder? — disse ele, enquanto os disparos continuavam. Passaram-se muitas horas até que tivesse coragem de seguir caminho. Já anoitecia quando avistou uma casinha escondida entre as árvores. Andou até lá, entrou e encolheu-se num cantinho escuro. Como estava muito cansado, adormeceu profundamente.

Naquela casa morava uma velhinha com um gato e uma galinha. Logo cedo, descobriram o patinho feio. O gato perguntou:
— Você sabe arquear as costas e fazer ronrom?
— Não... — foi a resposta do pobre patinho.
— Sabe botar ovos? — perguntou a galinha.
— Também não — respondeu o patinho, envergonhado.
— Então você não sabe nada! — retrucou a galinha. — Nossa dona não vai querer você aqui!

Muito triste, o patinho abandonou a cabana e percorreu o campo até encontrar uma lagoa para nadar.

Por muitos dias ele permaneceu ali, mas o frio do inverno congelou a água, deixando-o preso no gelo. Um camponês que passava por lá salvou o patinho da morte e levou-o para sua casa.

A família do camponês ficou encantada com o patinho feio. Seus filhos resolveram usá-lo em suas brincadeiras. Tanto brincaram com ele, que o pobre patinho se assustou, quis voar e derrubou uma jarra de leite que estava sobre a mesa.

Irritada, a camponesa ia dar-lhe uma vassourada, mas o patinho conseguiu fugir.

Certo dia em que chorava sua desgraça junto a um pasto, viu majestosos cisnes deslizando pela água, em silêncio.

— Vou me aproximar dessas belas aves — disse o patinho. — Vão me dar muitas bicadas, mas não importa. Prefiro morrer de uma vez...

E, sem titubear, atirou-se à lagoa. Os cisnes vieram nadando até ele. Preparava-se para esconder a cabeça sob a asa, esperando a morte, quando viu sua imagem refletida na água.

Que surpresa! Ele já não era mais um patinho feio, e sim um belo cisne! Na mesma hora, duas crianças chegaram correndo à lagoa e gritaram, contentes:

— Outro cisne! E mais bonito que os outros!

E, enquanto os velhos cisnes aproximavam-se para saudá-lo, o patinho feio levantou a cabeça com orgulho e elegância e começou a nadar, muito feliz por saber que era um formoso cisne.

A Princesa e a Ervilha

Além de muitos duendes e fadas, de bruxas e feiticeiras, naqueles velhos tempos havia também muito mais princesas que agora. Mas nem todas eram princesas de verdade, e muitas vezes os príncipes eram enganados e se casavam com uma mulher que, de princesa, só tinha a pinta e o nome. Como a maior desgraça para um príncipe era se casar com uma falsa princesa, o personagem de nossa história decidiu sair pelo mundo procurando uma esposa. Mas, por mais que procurasse, não conseguiu encontrá-la e voltou ao palácio. O príncipe já andava aflito por não achar uma mulher digna de sua classe quando, numa noite em que caía uma tremenda tempestade e chovia a cântaros em meio a trovões e relâmpagos, bateram com força à porta do palácio.

A rainha foi abrir pessoalmente e viu-se diante de uma jovem de deslumbrante beleza, com as roupas tão ensopadas pela chuva, que mal se podia admirar seu belo corpo. Tinha seus cabelos louros tão despenteados, que era difícil adivinhar se seria uma princesa ou uma formosa camponesa.

A rainha fez algumas perguntas e a jovem respondeu que era uma princesa e estava perdida.

— Uma princesa de verdade? — repetiu a soberana, duvidando.

A bela jovem continuou afirmando que era mesmo uma princesa e que estava naquela situação por ter saído de casa e se perdido no bosque.

Naquele estado, ela realmente deixava dúvidas. Mas a rainha, que desejava ardentemente encontrar uma esposa para seu filho, achou que o mais prudente era submetê-la a uma prova.

E assim, enquanto o rei e o príncipe levavam a jovem para secar-se junto ao fogo da lareira, a rainha foi até o quarto de hóspedes e, levantando as cobertas, colocou sobre a cama uma ervilha. Depois colocou sobre ela outro colchão e muitas almofadas de plumas. Ali dormiria, naquela noite, a jovem perdida, que dizia ser uma princesa de verdade.

A rainha não contou a ninguém o que havia tramado e, depois de arrumar a cama, desceu ao salão para juntar-se aos outros.

Na manhã seguinte, enquanto faziam a primeira refeição, a rainha perguntou à bela hóspede:

— Descansou bastante, princesa?
— Não, passei uma noite horrível! — respondeu. — Mal consegui pregar os olhos. Havia um objeto tão duro na cama, que estou com o corpo cheio de marcas...

A rainha compreendeu, então, que se tratava de uma princesa de verdade. Ninguém mais teria a pele tão delicada a ponto de notar uma ervilha através de uma camada de colchão e almofadas.

Apressou-se a comunicá-lo ao rei e ao seu filho príncipe.

Quando viu a jovem com seu vestido passado e seus cabelos louros penteados e presos com fivelas de ouro e pérolas, o príncipe percebeu que, além de ser uma verdadeira princesa, ela era incrivelmente bela. E se apressou a pedi-la em casamento.

A princesa aceitou com muito gosto, pois o príncipe era formoso e gentil. Além disso, havia se apaixonado por ele.

O casamento foi celebrado com grande festa, como convém a dois príncipes. Anos depois, a princesa subiu ao trono com seu esposo e governaram durante muitos anos, em meio à simpatia geral do povo, que não esquecia que seu soberano soubera escolher a mais bela e virtuosa princesa.

Dizem que a rainha ordenou que a ervilha daquela noite fosse guardada numa caixa de cristal, sobre um finíssimo veludo. A modesta ervilha tinha para ela o mesmo valor que a mais valiosa das joias.

E não sem motivo, pois graças a ela conseguira um belo esposo e um trono. E o mais importante: o coração do povo.

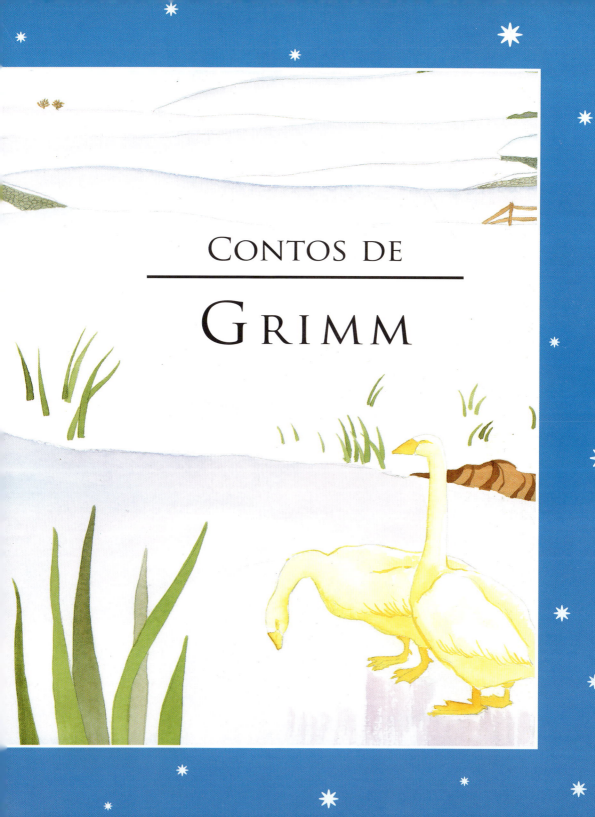

Contos de
Grimm

Branca de Neve

Enquanto bordava junto à janela, a rainha de um distante país espetou o dedo na agulha e, no mesmo instante, o sangue pingou na neve que caía sobre a janela do palácio.
— Oh, Deus! — disse a rainha. — Eu ficaria tão feliz se me desse uma filha branca como a neve, com o rosto corado como o sangue e os cabelos pretos como o ébano...

E Deus atendeu ao desejo da soberana, dando-lhe uma linda filha. A mãe chamou-a de Branca de Neve, como lembrança do dia em que havia feito o pedido.

Infelizmente, Branca de Neve logo ficou órfã e o rei voltou a se casar. A nova rainha era bela, mas também muito orgulhosa. Um dia, ela ganhou de presente de uma fada malvada um espelho mágico que respondia todas as perguntas que fazia sobre sua própria beleza.

Quando Branca de Neve tinha sete anos, o espelho disse à rainha:
— Minha rainha! Já não sois a mais bela do reino. Branca de Neve é bem mais bela agora...
Então a rainha, vermelha de cólera e morta de inveja, decidiu fazer sua enteada desaparecer. Chamou um caçador e disse:
— Esta noite você vai levar Branca de Neve para o meio do bosque, matá-la e me trazer seu coração.

No bosque, comovido com o choro e as súplicas da menina, o caçador decidiu poupar sua vida, com a condição de nunca mais voltar ao palácio.

Caçou um veado, tirou seu coração e levou para a soberana, dizendo que era o da menina.

Ao ver-se sozinha no meio do bosque, Branca de Neve caminhou por várias horas, até encontrar uma casinha.

Bateu várias vezes e, como ninguém respondia, decidiu entrar. Os móveis e objetos eram minúsculos: sobre a mesa, além de sete pratinhos que pareciam de boneca, todos com comida, havia garfinhos, faquinhas e colherinhas.

Branca de Neve, que estava com fome, comeu um pouco de cada prato e bebeu uma gota de cada copo. Depois, como estava muito cansada, juntou as sete caminhas, deitou-se sobre elas e adormeceu profundamente.

Ao anoitecer, os donos da casa voltaram do trabalho. Eram sete anõezinhos, de barbas compridas e gorros vermelhos. Quando acenderam as luzes e viram que haviam mexido nas coisas, eles se assustaram.

Mas logo um deles achou a menina, que todos rodearam com profunda curiosidade.

— Oh, como é linda! — disseram os sete, em coro. E, para não acordá-la, os sete se arrumaram como puderam para dormir.

Quando Branca de Neve despertou e viu-se rodeada por aqueles homenzinhos, levou um susto tremendo. Mas, quando ela contou como havia chegado até ali, os anõezinhos perguntaram, com pena:

— Quer morar conosco? Poderá cuidar das tarefas da casa e, em troca, não deixaremos nada lhe faltar.
Branca de Neve aceitou imediatamente e começou a limpar a casa.
Passado algum tempo, a rainha consultou de novo seu espelho, que disse:
— É verdade que sois bela... Mas Branca de Neve, que vive no bosque com os anões, é muito mais.
Ao perceber que o caçador a havia enganado, a rainha disfarçou-se de vendedora e, naquela mesma manhã, foi até a casinha do bosque.

Fingindo andar como uma velhinha, aproximou-se da casa e começou a anunciar:

— Quem quer comprar vestidos de lindas cores?...

Quando Branca de Neve apareceu à janela, a velha disse para sair e ver as coisas que trazia. A menina foi e experimentou um lindo vestido, mas a bruxa apertou tanto, que Branca de Neve caiu desmaiada. Achando que finalmente havia completado sua vingança, a rainha voltou ao palácio, dizendo:

— Pronto! Agora você não vai mais competir comigo!

Quando os anõezinhos voltaram, acharam a menina desacordada, estendida no chão. Percebendo que as cintas do vestido apertavam seu peito, afrouxaram-nas e a menina começou a respirar melhor. Os anões compreenderam a vingança da rainha e recomendaram a Branca de Neve que não abrisse a porta para desconhecidos.

Dias depois, ao ser novamente consultado, o espelho disse à rainha que Branca de Neve continuava sendo a mais bela do reino. Então ela pegou um pente envenenado e, disfarçando-se novamente, voltou à casa do bosque. Quando viu Branca de Neve à janela, disse:

— Desça para ver os lindos pentes que trago...

Insistiu tanto, que Branca de Neve foi e deixou que a vendedora penteasse seus cabelos. A rainha, então, cravou o pente em sua cabeça e a menina caiu como morta.

Quando os anõezinhos voltaram e a viram naquele estado, começaram a procurar a causa, até que acharam o pente. Retiraram com cuidado e logo a menina voltou a si, contando o que havia acontecido. Assim que a rainha chegou ao palácio, consultou seu espelho, que disse, como das outras vezes, que Branca de Neve era a mais bela. Sua fúria foi atroz e ela se dispôs a acabar com a menina de uma vez por todas. Preparou uma atraente maçã envenenada, vestiu-se de camponesa e foi novamente à casinha dos anões.

— Vendo deliciosas maçãs! — gritou junto à janela. Branca de Neve aproximou-se e disse que não podia aceitar nada de estranhos.
— Não acha que estão envenenadas, não é? — disse a falsa camponesa. — Para que veja como são boas, comerei um pedaço e você o outro.
Partiu a maçã e começou a comer seu pedaço, que não tinha veneno. Mas assim que Branca de Neve mordeu o outro pedaço, caiu no chão, imóvel.
— Desta vez ninguém poderá salvá-la! — disse a rainha, esfregando as mãos de alegria.
Quando os anõezinhos voltaram para casa e acharam a menina naquele estado, tentaram reanimá-la, mas não conseguiram.

Certos de que estava morta, colocaram-na num lindo caixão de vidro em cuja tampa escreveram o nome da menina e que era filha do rei. Depois, com muita tristeza, carregaram o caixão até uma gruta que havia na montanha.

Num esplendoroso dia de sol, passou por ali um belo príncipe. Ao ver a menina, implorou aos anões que o deixassem levá-la consigo, para que pudesse admirar seu rosto todos os dias. Os bondosos homenzinhos permitiram que o príncipe a levasse para seu palácio, mas um dos homens que a carregavam tropeçou numa pedra e o forte solavanco fez cair de sua boca o pedaço de maçã envenenada.

Então a menina despertou e o príncipe, emocionado, disse aos anões que desejava casar-se com ela. No dia do casamento, a rainha voltou a perguntar ao espelho quem era a mulher mais bela do reino, e sua raiva foi imensa quando ele respondeu:

— Senhora, a mais bela é a princesa que se casa hoje.

A rainha, que estava convidada para a festa, viu pessoalmente que a noiva era Branca de Neve e retirou-se dali, cheia de raiva.

Mas, Branca de Neve era muito bondosa e perdoou a madrasta, que se arrependeu de todo o mal que havia feito e atirou longe o espelho mágico, com tal fúria que o quebrou em mil pedaços.

A menina viveu imensamente feliz junto ao seu carinhoso príncipe, que tanto a admirava.

O Alfaiate Valente

Juarez era um alfaiatezinho que gozava de grande simpatia em todo aquele reino. Além do cuidado na confecção das roupas, era famoso por sua habilidade e astúcia para resolver os problemas mais difíceis. Tinha sempre a melhor solução para sair da pior situação. Por isso, todos o consultavam em busca de um conselho que solucionasse os árduos problemas de cada dia.

Certa ocasião em que se dedicava satisfeito ao seu trabalho, viu uma nuvem de moscas asquerosas esvoaçando sobre um delicioso pão-de-mel.

Perturbado com a impertinência daqueles bichos, espantava-os com a costura que tinha nas mãos. Mas aqueles insetos teimosos voltavam o tempo todo a incomodá-lo.

Não podendo mais suportar aquelas moscas repugnantes, deu um tabefe enfurecido com a mão e matou oito de um só golpe.

O alfaiate ficou orgulhoso por ter matado oito bichos de uma só vez. E, achando sua façanha grandiosa, pegou um pedaço de pano e bordou com linha preta as seguintes palavras: "Sou Juarez. Matei oito de uma vez." Depois costurou a faixa de pano no peito, pegou uma bolsa com um pedaço de queijo e saiu pelo mundo.

Pelo caminho, achou no chão um pássaro que parecia ferido. Recolheu-o e colocou-o também em sua bolsa.

Todos que o viam passar orgulhoso, com sua faixa bordada, admiravam-se de que, sendo tão pequeno e magrinho, tivesse realizado a difícil façanha de matar oito de uma vez.

E assim, andando, encontrou um gigante que olhou para ele com curiosidade, leu a faixa e, sem esconder seu despeito, disse:

— Não me faça rir, homenzinho! Então você matou oito de uma vez?

Depois desafiou-o e disse que, se era tão poderoso, repetisse o que ele era capaz de fazer. E, pegando uma pedra entre os dedos, deixou-a em pedaços como se fosse um pedaço de bolo.

Sem pestanejar, o alfaiate tirou disfarçadamente da bolsa o pedaço de queijo e, fazendo o gigante acreditar que era uma pedra, esmagou-o entre os dedos.

Então o gigante pegou outra pedra e atirou a grande distância. Disfarçando, o alfaiate tirou o pássaro e, fingindo tomar fôlego para jogar a pedra longe, atirou o pássaro para cima.

O tonto do gigante acreditou que Juarez havia atirado uma pedra e, como o pássaro sumiu no céu, ficou assombrado.

O gigante sentiu inveja daquele homenzinho que parecia fraco, mas era forte e capaz. Convidou-o para ir com ele ao seu castelo, onde conheceria outros gigantes. O alfaiate aceitou e puseram-se a caminho.

Ao atravessar o bosque, o gigante achou que podia levar lenha para sua lareira e, pretendendo impressionar o alfaiatezinho, arrancou de uma só vez uma árvore enorme, com raízes e tudo.

— Você me ajuda a carregar? — pediu ao alfaiate.

— Com prazer — disse Juarez. — Carregarei a parte de trás, que é mais pesada.

O gigante aceitou. Ergueu a árvore ao ombro e recomeçou a andar. O alfaiate sentou-se tranquilamente entre os galhos da árvore e começou a cantar alegremente. Curvado pelo peso, o gigante não podia vê-lo e ficou ainda mais admirado ao pensar como aquele fracote cantava tão tranquilo com a árvore às costas, enquanto ele, com toda sua força, mal conseguia respirar. Estava tão exausto, que pediu ao alfaiate para descansar um pouco.

— Como quiser — disse o alfaiate. — Mas por mim poderíamos continuar.

E assim, caminhando e descansando, acabaram chegando ao castelo. Ali estavam três gigantes, devorando um suculento banquete, que foram apresentados ao pequeno hóspede. Quando todos terminaram os saborosos pratos, chegou a hora de dormir. O dono do castelo acompanhou o convidado ao seu quarto, deu boa-noite e se retirou.

Mas Juarez não conseguia dormir naquela cama tão grande e decidiu deitar no chão. Fazia pouco tempo que estava dormindo, quando o gigante entrou devagarinho no quarto com um grosso pedaço de pau e, depois de dar vários golpes sobre a cama, saiu dizendo:

— Agora você não vai mais me incomodar, homenzinho!

No dia seguinte, quando os gigantes se preparavam para enterrar o alfaiate, levaram um grande susto ao vê-lo bem vivinho e sorridente. Pensaram que era um fantasma e fugiram correndo do castelo.

Ao ver-se sozinho, o alfaiate seguiu seu caminho até chegar, cansado, à entrada da cidade. Deitou-se para dormir e todos que passavam por ali paravam para ler, com assombro, a faixa que dizia: "Sou Juarez. Matei oito de uma vez." Correu por toda a cidade o rumor de que havia chegado um homem que matava oito de uma vez. A notícia chegou também ao rei, que quis conhecê-lo.

— Já que você foi capaz de matar oito de uma vez — disse o rei —, poderia nos fazer um favor. Há dois gigantes que vivem no bosque e nos causam prejuízos e sustos. Imploro que os mate. Se matou oito, dois serão pouco para você.

Juarez sentiu um arrepio de medo subindo pela espinha, ao pensar que teria que enfrentar dois gigantes. Mas, como não podia voltar atrás, disse que estava disposto a atender Sua Majestade.

Em seguida, foi para o bosque recusando a escolta de cem soldados que o rei colocou à sua disposição.

Os dois gigantes viviam numa caverna no meio do bosque. Juarez achou-os dormindo. Sem pestanejar, pegou duas pedras e, escondido entre as árvores, atirou uma na cabeça de um dos gigantes. Ele despertou assustado e, sacudindo o outro, gritou:

— O que foi? Está louco? Me deixe dormir...

O outro protestou, dizendo que não havia feito nada, e voltou a dormir.

Então Juarez jogou a outra pedra na cabeça do segundo gigante.

— Cuidado com o que faz, você me machucou!
O primeiro gigante irritou-se ao ser acusado de atirar pedras e discutiram um bom tempo, até resolverem continuar dormindo. Mas o alfaiate continuou com a brincadeira e, uma vez em cada um, foi atirando todas as pedras que conseguiu. Chegou um momento em que os dois gigantes se enfureceram e levantaram, cada um com um pedaço de pau. Bateram tanto um no outro com tanta força e raiva que acabaram caindo sem vida estendidos no chão.

Juarez voltou ao palácio e disse ao rei que sua tarefa havia sido cumprida e os dois gigantes não voltariam a incomodar, pois estavam sem vida em sua caverna. O rei enviou uma patrulha de soldados para comprovar a façanha. Quando voltaram e disseram ao rei que os dois gigantes estavam mortos, Juarez, o alfaiate valente, transformou-se num herói.

Então o rei disse a ele:

— Neste reino não existe ninguém tão valente como você, e no bosque há um rinoceronte terrível que já matou muitos de meus súditos. Se conseguir acabar com ele, transformarei você em príncipe e lhe darei metade do meu reino e minha filha como esposa.

O alfaiate não teve remédio a não ser aceitar, e dirigiu-se ao bosque com uma espada e uma corda.

Começou a caminhar entre as árvores, quando ouviu um grande bufo e sentiu o chão tremer como se fosse um terremoto. Com espanto, viu que um enorme rinoceronte avançava, veloz, derrubando árvores. Juarez pôs-se a correr o mais depressa que suas pernas permitiam e estava quase caindo desmaiado, quando viu um grande tronco fechando sua passagem. O alfaiatezinho decidiu arriscar tudo. Ficou imóvel junto ao tronco e esperou o enfurecido animal. Quando ele estava a um metro de distância, Juarez saltou de lado e o rinoceronte estatelou-se contra o tronco, fincando os chifres.

Juarez suspirou aliviado e, com sua corda, amarrou cuidadosamente o rinoceronte ao tronco. Com ar de triunfo, voltou ao palácio, onde disse ao rei:

— Majestade, acabo de vencer o rinoceronte. Pode enviar seus soldados para trazerem o animal, que é muito pesado. Eles o encontrarão amarrado a um tronco.

O rei ficou abismado com semelhante façanha, que acreditava superar a capacidade daquele homenzinho, e não teve remédio senão enviar seus soldados para que trouxessem o temido animal.

Quando os soldados regressaram trazendo o feroz rinoceronte, o povo todo aclamou o valente alfaiate como seu herói, e o rei viu-se obrigado a cumprir sua palavra. Transformou Juarez em príncipe, deu a ele metade do seu reino e entregou-lhe sua linda filha como esposa.

E assim terminou a história de Juarez, o alfaiate valente que matou oito de uma vez.

A Bela Adormecida

Há muito tempo, existiu um belo país governado por reis muito queridos pelo seu povo. Ali todos eram felizes, porque os soberanos procuravam incansavelmente fazer o melhor para seus súditos.

Os reis também viviam felizes, mas sentiam falta de algo que desejavam de todo o coração: ter um filho.

Até que um dia, seu desejo se realizou e eles tiveram uma filha linda como um anjo. Encantados com sua formosura, eles deram uma grande festa e convidaram todo o país para celebrar a chegada da menina.

Cada súdito levou seu melhor presente e até as fadas se aproximaram do berço, oferecendo à pequenina um dom especial: beleza, inteligência, simpatia...

Mas os soberanos haviam esquecido de convidar uma velha fada do bosque. Furiosa, ela compareceu e, sem disfarçar seu ressentimento, disse:

— Você terá tudo que as outras fadas lhe concederam, mas quando completar quinze anos espetará o dedo num fuso e morrerá!

Em seguida desapareceu, deixando os reis aflitos. Nisso, uma fada generosa aproximou-se da rainha e disse que, embora não pudesse desfazer o feitiço, poderia amenizá-lo: a princesinha não morreria, apenas ficaria adormecida durante cem anos.

O tempo passou e a menina teve todos os dons concedidos pelas fadas, sendo muito querida por seus pais e admirada por todos.

No entanto, logo completaria quinze anos e, embora ninguém se lembrasse da maldição, o rei mandou que todos os fusos desaparecessem do palácio.

No dia de seu aniversário, quando todos cuidavam dos preparativos para a festa, a princesinha subiu a uma das torres do palácio que nunca havia visitado. Ali encontrou uma velhinha fiando num fuso.

— Quer aprender a fiar? — perguntou a velha.
— Adoraria! — respondeu a princesa. E começou a fiar, mas logo espetou o dedo e caiu num sono profundo.

Todos sentiram muito pelo que aconteceu à princesinha. Não havia como desencantar a menina e estavam todos desolados, quando uma fada boa teve uma ideia para aliviar a dor dos soberanos: com sua varinha mágica, foi tocando um por um, todos os habitantes do palácio, e todos ficaram adormecidos, inclusive o rei e a rainha.

Como ninguém podia cuidar do palácio, ele foi encoberto pelo mato. Formou-se uma densa selva emaranhada, e tudo ficou escondido sob a vegetação.

Até que um dia, exatamente cem anos após o encantamento, um jovem príncipe decidiu visitar o misterioso palácio, atraído pela lenda sobre a bela adormecida. A golpes de espada, foi abrindo caminho no mato até descobrir o palácio em ruínas. Então, desceu de seu formoso cavalo branco e subiu as escadas cheias de musgo, com o coração saltando dentro do peito.

Atravessou o imenso pátio de mármore que estava deserto. Continuou avançando e chegou ao salão de festas, onde encontrou um grupo de damas e cavalheiros que pareciam conversar e dançar, mas estavam imóveis e completamente adormecidos. Continuou por salas, corredores e galerias, achando sempre o mesmo espetáculo: guardas e cortesãos, todos num sono profundo. E, na sala do trono, ocupando seu alto posto, o rei e a rainha dormiam profundamente.

Na cozinha tudo estava em silêncio e os cozinheiros, imóveis, pareciam estátuas de carne e osso. Até um gatinho, surpreendido enquanto apanhava um pedaço de carne, ficou paralisado em sua fuga.

Então o príncipe se lembrou da bela princesa que dormia seu sono de um século. Cheio de curiosidade e movido por seu espírito romântico, começou a procurá-la. Entrou no salão de baile, onde havia muitas damas imóveis, algumas que pareciam conversar com seus cavalheiros. Mas nenhuma delas parecia ser a princesa.

De repente, no fim de um corredor, encontrou uma escada que levava ao alto da torre. Chegando lá em cima, trêmulo de emoção, abriu a porta.

E lá, junto a um velho fuso, uma belíssima jovem dormia serenamente.

O príncipe aproximou-se dela e, pegando sua mão, beijou-a com ternura. De imediato, a princesa abriu os olhos e sorriu para ele graciosamente.

O príncipe ajoelhou-se diante dela e, sem perder um segundo, contou quem era e como havia chegado até ali. Em seguida, os dois jovens desceram ao salão de mãos dadas, quando todos começavam a despertar.

A princesa entrou correndo no salão do trono e viu que seus pais se levantavam. Com infinita alegria e emoção, os soberanos abraçaram sua filha, a princesa. E, por fim, ofereceram a mão da jovem ao seu salvador, como prova de gratidão.

João e Maria

Era uma vez um lenhador muito pobre, que morava perto de um bosque. De sua primeira mulher, já falecida, haviam lhe restado dois filhos: João e Maria. Com a segunda esposa, ele não tinha filhos.

Uma noite, durante um período de grande fome e escassez que assolou a região, ele disse à mulher, atormentado:

— Como vamos fazer para alimentar essas pobres crianças?

— Amanhã — disse a mulher — levaremos as crianças ao meio do bosque e faremos com que fiquem esperando até terminarmos o trabalho do dia. Mas não voltaremos para buscá-las, e assim nos livramos delas.

— Nunca! Jamais entregaria meus filhos aos ursos e lobos! — exclamou o pobre lenhador, cheio de dor.

— Então nós quatro morreremos de fome! Além disso, em vez de serem comidos pelos lobos, quem sabe não são recolhidos por alguma pessoa caridosa?

A mulher insistiu tanto, que acabou convencendo o homem. Mas como os meninos estavam acordados por causa da fome que sentiam, ouviram a conversa dos pais.

— Estamos perdidos! — disse Maria, chorando desconsolada.
— Não se preocupe, irmãzinha — respondeu João.
— Conheço um remédio para o mal que nos ameaça.

O menino levantou-se com cuidado, abriu a porta e saiu sem fazer barulho. À luz da lua, os pedregulhos brilhavam como prata. João encheu os bolsos com eles e voltou nas pontas dos pés. Então disse a sua irmã:

— Não tenha medo, Maria, porque achei o que precisávamos.

A menina se consolou e os dois adormeceram.

De manhã, a madrasta foi acordá-los e disse:

— Nós vamos até o bosque. Cada um leve um pedaço de pão, mas não comam de uma vez, porque deve durar o dia todo.

João, que tinha os bolsos cheios de pedras, deu o pedaço de pão para sua irmã guardar.

Quando começaram a andar, o menino foi ficando para trás. Seu pai percebeu e disse:

— O que foi, João? Você sempre corre na frente e hoje está se arrastando...

João deu uma desculpa e continuou atrás, para deixar no caminho as pedrinhas brancas.

Quando chegaram ao meio do bosque, a madrasta disse às crianças:

— Vocês ficam aqui apanhando lenha. Seu pai e eu vamos cortar um grande carvalho, longe daqui. Voltamos à noite para buscá-los.

As crianças ficaram sozinhas e obedeceram. Quando se cansaram, sentaram e começaram a comer seu pão. Mas a noite chegou e seus pais não foram buscá-los.

Maria começou a soluçar, amedrontada, pois ao menor ruído achava que era o lobo se aproximando.

— Acalme-se, Maria! — disse João. — Quando a lua aparecer, iremos embora.

E, quando a lua surgiu, pegou sua irmã pela mão e, depois de procurar com atenção, achou as pedrinhas brancas que havia jogado e reluziam como moedinhas novas. Seguindo seu rastro chegaram em casa, onde o pai chorou de alegria ao vê-los.

Disse que não havia dormido a noite toda, imaginando que podiam ter sido devorados pelas feras. A madrasta fingiu alegrar-se com a volta das crianças, mas na verdade ficou muito desapontada.

No dia seguinte, um homem caridoso deu-lhes algum dinheiro. Mas logo o dinheiro acabou e a pobreza voltou a reinar na casa.

— Estamos outra vez ameaçados de morrer de fome — disse a mulher. — Temos apenas dois pães em casa e não resta um centavo. Precisamos nos livrar das crianças.

— Não podemos esperar os pobrezinhos terminarem seus pães?

— Quando já não tiverem o que comer, ficarão tão fracos que não poderão caminhar. E como os levaremos ao bosque?

As crianças ouviram tudo, como da primeira vez. O mais velho levantou-se e pensou em procurar novas pedras, mas desta vez a madrasta havia trancado a porta.

— Não importa — disse ele a Maria. — Tenho outra ideia, e o bom Deus nos ajudará.

De madrugada, quando partiram a caminho do bosque, João ia deixando migalhas de pão.

No meio do bosque, a madrasta fez a mesma recomendação da outra vez, depois levou quase à força o pai, que os abraçou várias vezes antes de abandoná-los.

Depois de apanharem uma boa quantidade de lenha, as crianças sentaram-se e Maria repartiu com seu irmão um pedaço de pão.

A noite chegou e, como ninguém apareceu para buscá-los, Maria teve medo outra vez.

Quando a lua surgiu, João abaixou-se para procurar as migalhas de pão. Mas os pássaros as haviam comido durante o dia.

As crianças encontraram um caminho mas, como não era o que procuravam, acabaram se perdendo.

Depois de andarem muitas horas, os irmãozinhos deitaram-se exaustos sobre a relva e dormiram. Ao despertarem, acalmaram a fome com algumas frutas silvestres e continuaram procurando o caminho de casa. No terceiro dia, encontraram uma casinha que tinha paredes feitas de bolo e janelas de açúcar. João arrancou um pedaço e disse:
— Tome, irmãzinha, como recompensa por tudo o que acaba de sofrer.

De repente, ouviram uma voz dentro da casa, que dizia:

— Quem está comendo minha casinha?

— É o vento que faz barulho nas janelas — respondeu João, depressa. E arrancou um pedaço maior que o primeiro, enquanto cravava os dentes num pedaço de bolo que havia tirado da parede.

A porta abriu-se e apareceu uma velha assustadora. Amedrontadas, as crianças deixaram cair os doces. Mas, em vez de repreendê-los, a velha sorriu e disse:

— Em minha casa há muitas guloseimas. Entrem, meus filhos, e poderão comer à vontade. Famintas, as crianças nem perceberam os dentes compridos e pontudos da velha, e entraram na casa. Comeram frutas, bolos e bombons, depois a velha levou-os a um quarto onde havia duas camas bem limpinhas. As crianças deitaram-se e dormiram profundamente.

Mas a velha era uma bruxa que havia feito sua casa de doces para atrair crianças e devorá-las.

Bem cedinho, ela entrou no quarto, apalpou as crianças e achou-as muito magrinhas. Quando despertaram, a bruxa levou João para o curral e, com muita astúcia, convenceu-o a entrar numa jaula. Depois, mudando o tom de voz, disse à pobre Maria com voz estridente:

— Vamos, sua preguiçosa, hora de trabalhar. Vá até a cozinha e prepare o almoço. Quando estiver pronto, leve um prato para seu irmão. Quero que engorde, pois vou comê-lo.

A menina desfez-se em lágrimas e implorou perdão de joelhos para seu irmão. Mas a bruxa ameaçou matá-la e comê-la primeiro. Maria teve que obedecer e, quando o almoço ficou pronto, a velha o levou pessoalmente a João.

E assim ela continuava tratando de engordar o menino. Mas cada vez que a velha ordenava que pusesse um dedo para fora da jaula, o menino colocava um ossinho de frango.

— Que estranho... — dizia a bruxa. — Esse menino come tanto e continua tão magro!

Depois de um mês, ela cansou de esperar e disse à menina:

— Amanhã é meu aniversário e quero comer um belo assado. Vou matar seu irmão, gordo ou magro. Como também preciso de pão, quero que esquente o forno e prepare a massa.

Maria, com o coração oprimido pela angústia, dizia:

— Era melhor ter sido devorada pelas feras que ajudar essa horrenda bruxa a preparar a morte de meu irmão!

Quando acendeu o fogo, a velha chegou e abriu a porta do forno.

— Não sei se está no ponto — disse ela. — Entre no forno e diga se está quente.

Acabava de pensar que carne de menina assada poderia ser uma iguaria apetitosa. Mas, no feroz olhar da velha, a menina adivinhou seu destino e respondeu:
— E como vou subir até o forno sendo tão pequena?
— Mas você é muito tonta, mesmo! Vou ensinar... — grunhiu a velha. E, subindo numa cadeira, aproximou-se da boca do forno.

— Está vendo? — perguntou, preparando-se para descer. Mas Maria, num esforço desesperado, empurrou a velha dentro do forno, fechou a porta e trancou o ferrolho.

A bruxa começou a dar gritos e implorou a Maria que abrisse, dizendo que perdoaria João e lhe daria uma porção de coisas lindas. A menina não deu importância a ela, foi até o curral e libertou seu irmão, chorando de alegria.

A velha morreu queimada e as crianças encontraram na casa uma fabulosa fortuna em ouro e pedras preciosas. Por fim, encheram um grande cesto com provisões e partiram a caminho de casa.

Ao sair do bosque, eles chegaram a um rio. Não havia ponte, nem barco para atravessar, mas um belo cisne nadava majestoso perto da margem.

— Pode nos levar à outra margem, por favor? — pediu Maria, com voz doce.

O cisne aproximou-se, a menina montou sobre ele e chegou ao outro lado. Depois o cisne voltou para pegar João.

Em todo o longo caminho que percorreram, eles encontraram pessoas bondosas, que os ajudaram a achar o caminho de casa.

Ao chegarem, acharam seu pai à porta, terrivelmente triste e desolado, chorando a perda de seus filhos e amaldiçoando-se por ter escutado os maus conselhos de sua mulher. Esta havia morrido, ao quebrar a cabeça e sete costelas, descendo de uma árvore.

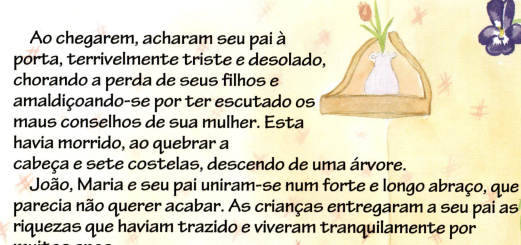

João, Maria e seu pai uniram-se num forte e longo abraço, que parecia não querer acabar. As crianças entregaram a seu pai as riquezas que haviam trazido e viveram tranquilamente por muitos anos.

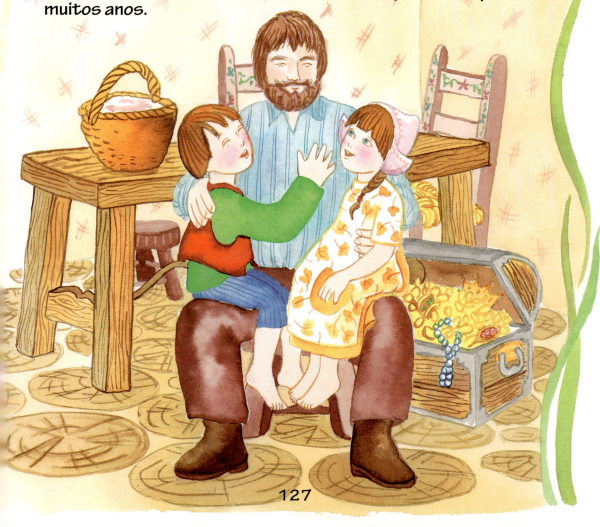

Chapeuzinho Vermelho

Num certo povoado, perto de um bosque, vivia uma linda menina. Tão linda, que parecia um anjinho. Era muito amada pela mãe e também por sua vovozinha que, entre muitos outros presentes, fez para ela uma linda capa vermelha. Desde então, a menina passou a ser chamada de Chapeuzinho Vermelho.

Certo dia, depois de brincar, Chapeuzinho Vermelho entrou em casa e viu sobre a mesa deliciosos bolos. Achando que eram para ela, perguntou à mãe se podia comê-los.

— São para a vovozinha, que está muito doente — respondeu sua mãe. — Quero que leve para ela estes bolos e um pote de geleia.

— Sim, mamãe. Talvez com estes presentes ela se sinta melhor...

Chapeuzinho colocou tudo numa cesta, deu um beijo em sua mãe e saiu rumo à casa da vovozinha, que ficava do outro lado do bosque.

Ela ia cantando pelo caminho quando, ao atravessar o bosque, encontrou um lobo mais faminto do que nunca.

A menina era um delicado banquete para seus dentes afiados. Mas, quando ia abrindo sua boca enorme, avistou alguns lenhadores bem perto dali. Escondeu-se como pôde e passou perto da menina, dizendo com voz doce:

— Como você é bonita, menina! Qual é o seu nome?
— Todos me chamam de Chapeuzinho Vermelho.
— Que lindo nome! E onde vai, tão sozinha?
— Vou visitar minha avó. Estou levando bolo e um pote de geleia que minha mãe preparou.

Como a menina era muito educada, respondia amavelmente às perguntas do lobo, sem imaginar o perigo que corria.
— Então sua vovozinha está doente? Puxa! E a casa dela fica muito longe daqui?

— Muito! — respondeu Chapeuzinho. — Estou na metade do caminho. Está vendo aquele moinho lá longe? Ela mora ali perto, na primeira casa da aldeia.
O lobo pensou uns instantes e, depois de esfregar o focinho com as patas, disse:
— Sabe de uma coisa, Chapeuzinho? Vou acompanhar você nesta visita.
— Você conhece minha vovozinha?
— Não, mas quero conhecê-la.

— Bem, então nós dois vamos visitá-la.
— Sim, mas vamos separados. Eu vou por um outro caminho e encontro você lá, assim veremos quem chega primeiro.

Depois de dizer estas palavras, o lobo partiu correndo por um caminho mais curto e deixou para Chapeuzinho o caminho mais comprido, para chegar antes dela e esperá-la.

O lobo precisou de pouco tempo para chegar à casa onde morava a avó de Chapeuzinho Vermelho. Bateu à porta e, lá de dentro, a vovozinha perguntou:

— Quem é?
— Chapeuzinho Vermelho — disse o lobo, disfarçando a voz.
— Estou trazendo bolo e um pote de geleia...

A velhinha, acreditando que era sua neta, respondeu:
— Entre, minha querida. A porta está aberta...
Assim que o malvado lobo entrou, atirou-se sobre a velhinha e devorou-a numa só dentada.
Pouco depois, chegava Chapeuzinho Vermelho. Ao encontrar a porta fechada, bateu delicadamente.
— Quem é? — perguntou o lobo, com voz rouca.

A menina assustou-se ao ouvir aquela voz tão feia, mas imaginou que sua vovozinha estivesse resfriada.

— Sou eu, vovó, sua netinha. Trouxe bolo e um pote de geleia — disse a menina. — Mas como você está rouca!

Então o lobo disfarçou a voz:

— Não se preocupe, queridinha. Empurre a porta e entre.

Chapeuzinho entrou sem desconfiar, enquanto o terrível animal escondia a cabeça sob as cobertas.

— Como se sente? — disse a menina, aproximando-se da cama.

— Estou muito resfriada — respondeu o lobo, com uma voz doce. — Feche bem a porta — acrescentou.

Já perto da cama, Chapeuzinho exclamou:
— Que braços grandes você tem, vovó!
— São para lhe abraçar melhor — respondeu o lobo.
— E esses olhos tão grandes?
— São para lhe ver melhor.
— Mas, vovozinha, que orelhas grandes!
— São para lhe ouvir melhor, querida.
Depois de um breve silêncio, Chapeuzinho perguntou:
— Vovozinha, e esses dentes enormes?
— São para comer você!
E o feroz animal atirou-se sobre a menina para devorá-la. Mas Chapeuzinho começou a gritar e chamou a atenção dos lenhadores.

Ao ouvirem a menina, eles correram até a casinha, mataram o lobo e salvaram a vovó. Depois disso, Chapeuzinho Vermelho contou a seus amiguinhos o que havia acontecido e aconselhou-os a terem cuidado na hora de escolherem suas amizades, pois as más companhias e os falsos amigos costumam trazer surpresas desagradáveis como a do malvado lobo.

Os Músicos de Bremen

Um homem tinha um velho burro que já havia trabalhado muito, anos atrás, mas começava a perder as forças. Um dia, o burro percebeu que seu dono deixaria de sustentá-lo e decidiu partir e começar uma nova vida.

Pelo caminho, encontrou um cão de caça meio abandonado num canto, que olhava para ele com ar melancólico.

— O que aconteceu?

— Ai! — lamentou-se o cachorro. — Como estou velho e perdi meu faro, meu dono quer me matar, pois não tenho mais utilidade. Então, fugi de casa.

— Estou indo para a cidade — disse o burro. — Quero ser músico. Venha comigo, faremos um dueto e seremos famosos.

O cachorro aceitou e seguiram juntos. Pouco depois, encontraram um gato que parecia triste e angustiado.

— Qual é o problema, meu caro felino? — perguntaram.

— Oh! — suspirou o gato. — Como ando cansado e prefiro ficar tranqüilo junto à lareira em vez de caçar ratos, minha dona expulsou-me de casa...

— Pois venha conosco — consolou o burro. — Queremos formar uma orquestra e precisamos de você.

E partiram juntos. No caminho, passaram por uma fazenda onde havia um galo cacarejando com todas as suas forças.

— Por que está gritando tanto? — perguntou o burro.

— Ouvi minha dona dizer que vai me assar para a ceia de Natal. Por isso, enquanto viver, lamentarei minha triste sorte.

— Não se conforme com seu destino funesto. Una-se a nós. Nossa orquestra precisa de sua bela voz — encorajou o burro.

E os quatro músicos seguiram seu caminho. Como escurecia, entraram num bosque para passar a noite. Mas ao longe avistaram uma luz que parecia vir de uma casa.

— Podíamos ir até lá. Aqui está muito frio — sugeriu o burro.

Num instante chegaram a uma velha mansão. O burro aproximou-se da janela e sussurou aos outros:

— Há um banquete de primeira na mesa, e uns ladrões se preparando para comer.

— Pois eu estou faminto — disse o cachorro. Os outros concordaram e começaram a pensar num plano.

O burro pôs as patas dianteiras na janela, o cachorro subiu em seu lombo, o gato subiu no lombo do cachorro e o galo empoleirou-se sobre o gato.

Então, de repente, todos entoaram uma caótica melodia: zurros, latidos, miados e cacarejos misturados, que pareciam gritos de uma legião de bruxas raivosas. E invadiram a casa fazendo o maior alvoroço que se pode imaginar. Os ladrões fugiram da casa como almas penadas, aterrorizados.

Os quatro músicos aproveitaram o banquete e, depois de brindarem o sucesso do plano, puseram-se a dormir tranquilamente.

Quando os ladrões viram de longe que já não havia luz nem barulho na mansão, o chefe da quadrilha disse:

— É melhor esperarmos aqui. Você — e indicou um de seus comparsas —, vá espiar quem está lá dentro.

O ladrão encontrou tudo em silêncio. Entrou às escuras e quis acender um fósforo. Então o gato arranhou sua cara e o ladrão tentou fugir, mas tropeçou no cachorro, que mordeu sua perna. Enquanto corria para fora, o burro deu-lhe um tremendo coice no traseiro, e o galo, zangado porque haviam interrompido seu sono, bicou sua orelha gritando "Cocoricó!"

Fora de perigo, o pobre ladrão descreveu assim sua trágica aventura:

— Na casa havia uma bruxa que me arranhou com suas unhas; e na porta, um homem cravou uma faca em minha perna. Enquanto fugia, um gigante me deu uma paulada no traseiro, e ainda ouvi a voz do juiz gritando "Enforquem-no sem dó!" enquanto puxavam minhas orelhas. Escapei por um milagre...

E a quadrilha inteira fugiu dali tremendo de medo.

Os músicos decidiram ficar na mansão abandonada, e ali viveram e cantaram juntos durante muitos anos.

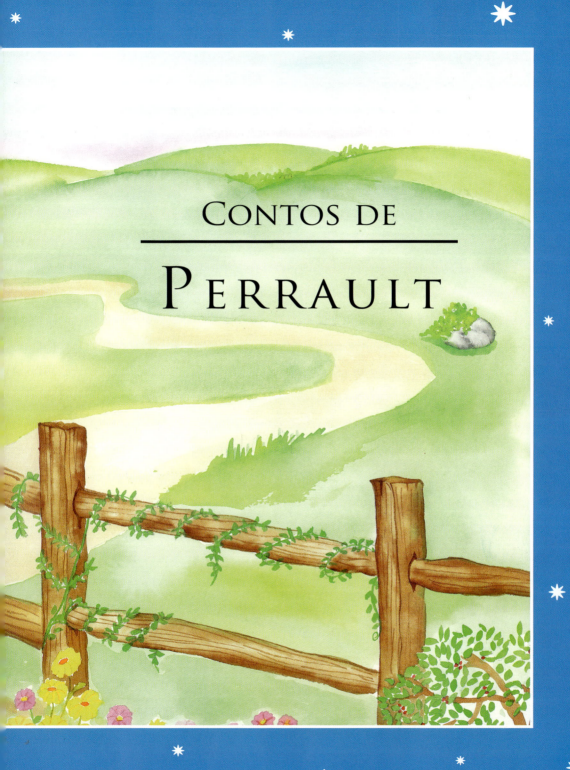

Contos de Perrault

O Flautista de Hamelin

A bela cidade de Hamelin era um lugar tranquilo... até que um dia uma praga de ratos invadiu todas as casas. O prefeito, desesperado, ofereceu mil moedas de ouro a quem livrasse a cidade da terrível praga.

Os dias se passavam e ninguém encontrava uma solução, até que apareceu um jovem forasteiro alto e magro, que carregava uma flauta debaixo da capa.

O curioso personagem pediu para falar com o prefeito.
— Senhor prefeito — disse o rapaz —, sei como livrar a cidade dos ratos. Mas sou pobre e desejo saber o que me dará como recompensa.
— Ofereci mil moedas de ouro a quem encontrasse uma solução.
— Combinado, então. Antes do anoitecer, não restará um único rato em Hamelin.
E dirigiu-se à praça principal, onde começou a tocar uma linda melodia na flauta.
As pessoas já começavam a desconfiar, quando um ratinho apareceu e parou diante do flautista, encantado. Logo aproximou-se outro rato, depois outro, e mais um, até que vieram tantos, que era impossível contá-los. O flautista tocava sem parar e os ratos juntavam-se ao seu redor.

Quando já havia centenas de milhares de ratos reunidos, o jovem encaminhou-se até o rio, decidido.

— Não vai conseguir atravessar! Vai se afogar! — gritava o povo.

Mas o flautista chegou à margem, continuou andando e mergulhou até a cintura, sempre tocando seu instrumento.

Os ratos, atraídos pela música, entraram na água atrás dele e, como não sabiam nadar, foram se afogando. Quanto o flautista chegou à outra margem, não restava um só rato vivo.

Todos aclamaram o salvador da cidade, que cruzou o rio de volta e dirigiu-se à prefeitura, seguido por uma multidão. O prefeito saiu à porta para recebê-lo.

— Entre, meu bom homem. Seque suas roupas, coma e beba.

Uma vez recomposto, entregaram ao nosso músico uma bolsinha de couro. O jovem abriu e viu que continha apenas cem moedas de ouro.

— Senhor, não foi este o combinado. Ofereceu-me mil moedas e não irei embora até recebê-las.

O flautista olhou para ele enfurecido e saiu dali, dizendo:

— Vai se arrepender do que fez comigo!

O jovem atravessou a cidade e chegou ao parque, onde quase todas as crianças estavam brincando. Ali parou, tirou a flauta e começou a tocar uma melodia belíssima. Como se estivessem hipnotizadas, todas as crianças da cidade foram se aproximando do homem, que tocava sem parar, até não restar nas casas uma única criança.

Então o flautista começou a se afastar do parque e todas as crianças o seguiram. O povo adivinhou o que aconteceria a seus filhos e começou a chamá-los aos gritos, mas não adiantava. Enfeitiçadas, as crianças seguiam o flautista, que se dirigia ao rio.

— Vai afogá-las no rio! — gritavam, apavorados.

Mas, chegando ao rio, o homem desviou-se para a colina mais alta.

— Não vão para o rio! Estão salvas! — o povo voltou a gritar.

O músico começou a subir a colina, seguido por todas as crianças. Todas? Não! Um garotinho manco ficou para trás...

Quando o flautista chegou lá em cima, abriu-se uma enorme fenda pela qual as crianças desapareceram. Chegando ao topo, o garotinho manco viu a montanha se fechar, engolindo todos os seus companheiros.

A mais profunda tristeza abateu-se sobre Hamelin, onde só se ouviam lamentos. O prefeito não teve remédio senão fugir, pois todos o julgavam responsável pela desgraça, por ser tão avarento.

O garotinho manco foi recebido por todas as mães como filho e, embora o cobrissem de carinhos e presentes, estava triste, porque não tinha com quem brincar.

Um dia subiu ao topo da colina e sentou-se na relva, pensando em seus amiguinhos desaparecidos. De repente, viu algo brilhando à sua frente.

Levantou-se com dificuldade e aproximou-se do objeto, que descobriu ser a flauta do estranho personagem. O garotinho, que tinha excelente memória, começou a tocar a melodia que ouvira do flautista.

Com as primeiras notas, sentiu a terra se mover debaixo de seus pés. Continuou tocando e... Oh! A colina começou a se abrir e, em seguida, apareceu uma criança, depois outra e outra, até saírem todas sorrindo, felizes por terem sido desencantadas.

Todas as crianças dirigiram-se à cidade. Os adultos deram gritos de alegria ao vê-las e começaram a tocar os sinos. Todos se abraçavam e beijavam. Receberam o garotinho manco como um herói e carregaram-no aos ombros até a prefeitura, onde o novo prefeito saudou-o, agradecido, e entregou-lhe mil moedas de ouro.

A flauta foi queimada numa fogueira acesa na praça e, desde então, Hamelin voltou a ser uma cidade feliz e tranquila, sem ratos e sem avarentos.

Barba Azul

Este era um homem imensamente rico, que possuía terras sem fim e inúmeros castelos. Tinha uma enorme barba azul que lhe dava um aspecto assustador, e por causa dela todos o chamavam de Barba Azul.

Junto ao suntuoso castelo deste rico senhor, havia uma casinha onde vivia uma pobre viúva com suas filhas: Ana e Elisa, as duas muito belas.

Certo dia, Barba Azul visitou a viúva para pedir uma de suas lindas filhas em casamento, mas permitiu que ela mesma escolhesse qual daria como esposa.

A princípio nenhuma das jovens queria se casar com Barba Azul, pois sabiam que suas esposas anteriores haviam desaparecido.

Mas Elisa, seduzida pelas riquezas de Barba Azul, acabou aceitando ser sua esposa e casaram-se numa luxuosa cerimônia.

Depois de alguns dias tratando sua nova esposa com atenção e mimos, Barba Azul disse a ela:

— Preciso me ausentar até amanhã e quero que fique com as chaves do palácio. Pode percorrê-lo de alto a baixo, mas a proíbo terminantemente de entrar no último quarto do corredor. A chave desse quarto é a menor de todas. Se me desobedecer, minha cólera será terrível.

Elisa passou o dia percorrendo todos os cômodos do palácio, mas ao fim do dia, sua curiosidade de entrar no quarto proibido era enorme. "Meu marido nunca vai saber", pensou ela, enquanto enfiava a chave na fechadura. A porta do quarto abriu-se lentamente.

No início, Elisa não via nada, pois as cortinas estavam fechadas. Mas quando seus olhos se acostumaram à escuridão, percebeu horrorizada que havia várias mulheres degoladas penduradas nas paredes. Eram as esposas anteriores de Barba Azul! Cheia de espanto, deixou cair a chavinha, que ficou manchada de sangue.

Ela correu até o seu quarto e tentou limpar a chave; mas, quanto mais esfregava, mais fortes as manchas reapareciam. Era uma chave mágica!

Quando Barba Azul chegou no dia seguinte, disse a sua mulher:

— Quero ver as chaves!

Tremendo de medo,
Elisa entregou o chaveiro. Ao ver
a chave encantada, Barba Azul gritou:
— Você cometeu o mesmo erro das outras!
Por isso, vai morrer como elas!
Elisa chorou e implorou perdão,
mas não adiantou. Por fim, suplicou:
— Deixe-me ao menos fazer
minhas orações!

— Muito bem — respondeu Barba Azul. — Você tem quinze minutos, depois vai morrer por me desobedecer.

Quando Elisa se viu sozinha em seu quarto, chamou sua irmã Ana e pediu que subisse à torre para ver se estavam vindo seus irmãos, que deviam chegar nesse mesmo dia. Implorou que fizesse sinais para que entrassem no palácio e a salvassem da morte.

Ana subiu à torre e viu Barba Azul que, segurando uma enorme espada, gritava lá de baixo:

— Desça, Elisa! Senão eu mesmo subirei!

— Um minuto! Só mais um minuto! — suplicou Elisa a seu marido. E voltava a perguntar à irmã:

— Ana, nossos irmãos ainda não estão vindo?

Até que Ana gritou:

— Já vêm vindo, Elisa. Estão chegando!

Cansado de esperar, Barba Azul subiu ao quarto da esposa. Ao vê-lo, Elisa ficou paralisada de terror e não teve forças para pedir um minuto a mais de prazo. Barba Azul já levantava sua imensa espada assassina, quando os irmãos, avisados por Ana, sacaram suas armas e transpassaram seu coração num só golpe.

Com a morte de Barba Azul, Elisa herdou suas inúmeras riquezas e levou sua mãe e seus irmãos para morar no palácio, onde foram muito felizes.

O Pequeno Polegar

Devido a sua extrema pobreza, um casal de lenhadores decidiu se desfazer de seus sete filhos. Esta terrível decisão foi ouvida pelo menor dos meninos, que tinha o tamanho de um dedo polegar, razão pela qual todos o chamavam de Pequeno Polegar.

Como Pequeno Polegar sabia o que ia acontecer, porque ouviu a conversa dos pais, na manhã seguinte encheu os bolsos com pedrinhas brancas e, enquanto avançavam pelo bosque, ia deixando-as pelo caminho. Ao cair da tarde, quando seus irmãozinhos começaram a chorar porque não encontravam seus pais e estavam perdidos, o pequeno disse:

— Não chorem, irmãozinhos. Sei como achar o caminho. — E, seguindo a fileira de pedrinhas brancas que havia deixado pela manhã, voltaram para casa. Mesmo que seu triste plano tivesse fracassado, seus pais se alegraram ao vê-los. Mas, a miséria não deixava outra opção e, dias depois, voltaram ao bosque.

Desta vez, o pai vigiou Polegar para que não pudesse recolher pedras.

Mas o astuto menino guardou no bolso um pedaço de pão e foi deixando migalhas pelo caminho.

Ao cair da noite, quando os meninos ficaram perdidos e se puseram a chorar, o Pequeno Polegar disse:

— Não chorem, irmãozinhos. Sei como achar o caminho.

Mas procurou inutilmente as migalhas que tinha deixado pela manhã: os passarinhos haviam comido.

Os meninos deram voltas e mais voltas pelo bosque escuro, até que Polegar teve a ideia de subir na árvore mais alta. Logo avistou a luz de uma casinha e deu um grito de alegria. Levou seus irmãos até lá e bateu à porta, timidamente. Apareceu uma senhora de rosto bondoso e Polegar explicou que estavam perdidos. A mulher balançou a cabeça, com pena, e disse:

— Queridos, aqui vocês não podem ficar. Nesta casa vive um ogro que devora crianças!

Os meninos assustaram-se ao ouvi-la, mas seu cansaço era maior e imploraram à senhora que os hospedasse por uma noite, prometendo ficar bem quietinhos.

A bondosa mulher convidou-os a entrar e comer. Depois escondeu os restos do jantar e aconselhou-os a se enfiarem na cama.

Pouco depois ouviram-se fortes passos e a porta se abriu de um golpe. O ogro enfureceu-se ao ver que a comida não estava na mesa. A pobre senhora trouxe depressa o jantar e o ogro comeu com apetite.

Depois esticou-se numa poltrona e começou a farejar o ambiente.
— Quem esteve aqui hoje? — resmungou. — Estou sentindo cheiro de criança...
E, procurando por toda a casa, encontrou os meninos deitados na cama.
— Que apetitoso banquete vou fazer! — exclamou.
A mulher, temerosa, conseguiu convencê-lo de que era melhor guardar os meninos para o dia seguinte, pois já havia jantado.
O Pequeno Polegar não podia dormir, pensando em como sair dali, e logo teve uma ideia.

Acordou seus irmãozinhos com cuidado e levou-os até a cama onde dormiam as sete filhas do ogro. Trocou seus gorros pelas coroinhas que as meninas usavam e, em seguida, voltaram a deitar.

À noite, o ogro acordou com fome e, lembrando-se dos sete meninos, levantou-se e foi até o quarto. Quando o gigante viu os gorros, achou que eram eles e engoliu um por um. Mas, na verdade, ele havia devorado suas filhas.

Quando Polegar viu que o ogro voltava a dormir, despertou seus irmãos e fugiram.

Na manhã seguinte, o ogro compreendeu seu erro mortal e teve um ataque de fúria. Calçou suas botas de sete léguas e saiu em perseguição aos meninos, que logo alcançou; mas eles se esconderam num tronco oco. O ogro deitou-se para descansar e adormeceu.
O Pequeno Polegar fez seus irmãos saírem do esconderijo e ordenou que voltassem correndo para casa. Depois, com muito cuidado, tirou as botas mágicas do ogro, calçou-as e saiu para correr o mundo.

Chegou a um país em guerra, onde todos estavam muito tristes por não terem notícias de seu exército. Polegar ofereceu-se para buscar a informação que precisavam e, graças às botas mágicas, chegou depressa ao local da batalha, onde soube do triunfo do exército de seus amigos. Voltou com a boa nova e foi aclamado pelo povo. Por gratidão, o rei nomeou-o mensageiro real e lhe deu uma grande quantia em dinheiro.

De volta a sua casa, o Pequeno Polegar pôde proporcionar a seus pais e irmãos tudo que necessitavam.

Rapunzel

Há muitos anos, vivia um casal que não tinha filhos, por mais que desejasse. Mas, finalmente, um dia a mulher soube que ia ser mãe.

A casa onde viviam tinha nos fundos uma janelinha que dava para um jardim, mas ele era cercado por um muro alto e ninguém ousava entrar lá, pois pertencia a uma bruxa.

Um dia, a mulher aproximou-se daquela janela para contemplar o jardim e viu uma horta repleta de lindas verduras, tão frescas e verdinhas que lhe deu uma vontade tremenda de comê-las. O desejo aumentava com o passar dos dias e, vendo que seria impossível satisfazê-lo, começou a perder a cor e adoeceu. Seu marido, assustado, perguntou:

— O que aconteceu, mulher?

— Vou morrer se não comer essas verduras! — exclamou ela.

O homem, que amava muito sua esposa, esperou anoitecer e saltou o muro do jardim da bruxa. Arrancou depressa um maço de verduras e levou para sua mulher. Imediatamente, ela preparou uma salada e comeu, muito satisfeita.

Gostou tanto, que no dia seguinte sua vontade era maior ainda. E, ao escurecer, o marido teve que voltar ao jardim. Mas assim que colocou os pés no chão, levou um susto terrível, pois deu de cara com a bruxa.

— Como se atreve a roubar minhas verduras? — disse ela, com olhar colérico. — Vai pagar muito caro por isso!

— Tenha compaixão de mim! — respondeu o homem.

— Fiz isso porque minha esposa, que espera um filho, viu suas verduras pela janela e sentiu um desejo tão grande, que teve medo de morrer.

A feiticeira, então, disse:

— Neste caso, deixarei apanhar quantas verduras quiser, mas com uma condição: terão que me entregar seu bebê.

O homem estava tão aflito, que acabou concordando. Quando sua filhinha nasceu, a bruxa apareceu, deu-lhe o nome de Rapunzel e a levou.

Rapunzel era uma menina muito bonita. Quando completou doze anos, a bruxa fechou-a numa torre sem portas nem escadas, no meio do bosque. Somente na parte mais alta havia uma minúscula janela.

Quando a bruxa queria entrar na torre, chamava Rapunzel para que jogasse pela janela suas tranças douradas. Eram tão compridas, que a velha subia por elas.

Depois de alguns anos, aconteceu que o filho do rei, passeando pelo bosque, ouviu uma canção tão melodiosa que parou para escutar. Era Rapunzel quem cantava. O príncipe quis subir na torre, mas não sabia como. Voltou ao palácio, mas não podia esquecer aquele canto tão doce e voltava todos os dias ao bosque para escutá-lo.

Um dia, estava escondido atrás de uma árvore e viu a bruxa gritando:

— Rapunzel, jogue-me suas tranças!

Rapunzel jogou as tranças e a bruxa subiu por elas.

"Já sei como subir na torre!" — pensou o rapaz. E no dia seguinte, quando começava a entardecer, chegou ao pé da torre e exclamou:

— Rapunzel, jogue-me suas tranças!

E, quando desceram as lindas tranças, o príncipe subiu por elas.

Rapunzel assustou-se muito ao ver um homem. Mas o príncipe falou com ela amavelmente e contou que o canto da jovem havia roubado seu coração.

Rapunzel perdeu o medo e, quando ele perguntou se queria ser sua esposa, ela respondeu:

— Sim, quero sair desta torre com você. Mas para isso, terá que me trazer uma meada de seda cada vez que vier aqui. Assim poderei trançar uma escada e fugirei quando estiver pronta.

E combinaram que o príncipe viria todas as tardes, até que a escada estivesse terminada.

A bruxa só ia à torre pela manhã, por isso não suspeitava de nada. Mas um dia, Rapunzel distraída disse:

— Diga-me, titia: por que você demora mais para subir que o príncipe?

— Ah, malvada! — respondeu a velha.
— Achei que estivesse isolada de todos, mas você me enganou...
Furiosa, a bruxa cortou as lindas tranças da jovem e levou Rapunzel para viver no deserto.

Nesse mesmo dia, a feiticeira amarrou as tranças cortadas na janela e, quando o príncipe subiu por elas, deu de cara com a velha.

— Jamais voltará a ver Rapunzel!
— grunhiu a perversa mulher.

Com o coração partido pela dor, o príncipe atirou-se do alto da torre. Não perdeu a vida, mas caiu sobre uma touceira de espinhos e ficou cego.

Começou a vagar pelo bosque, alimentando-se de raízes e chorando a perda de sua amada.

E assim andou por vários anos, sem rumo e sem consolo, até que chegou ao deserto onde Rapunzel vivia. Ao ouvir seu belo canto, reconheceu a voz da amada e Rapunzel abraçou-o, chorando. Duas lágrimas suas caíram sobre os olhos do príncipe, que recuperou a visão imediatamente.

Então o príncipe levou Rapunzel para o seu reino, onde se casaram e viveram felizes por muitos anos.

O Gato de Botas

Um moleiro deixou como única herança aos três filhos que possuía o moinho, um burro e um gato. O filho mais velho herdou o moinho, o segundo ficou com o burro, e o caçula, apenas com o gato.

Este último não podia se consolar por ter recebido uma herança tão miserável.

Diante de tanto lamento, o gato disse:

— Não se preocupe, amo. Se me der um saco e um par de botas, verá que não está tão mal servido.

Como tinha pouco a perder, o jovem atendeu seus pedidos.

Quando o gato recebeu o saco e as botas, calçou-as, colocou o saco no ombro e dirigiu-se a um lugar onde estavam alguns coelhos. Colocou muitas verduras frescas no saco e escondeu-se entre os arbustos.

Pouco depois, um coelhinho inocente foi até o saco e, vendo todas aquelas verduras fresquinhas, enfiou-se lá dentro. O gato saltou no mesmo instante e fechou o saco, apanhando o coelho.

O astuto felino dirigiu-se, então, ao palácio do rei e pediu para vê-lo. Uma vez em sua presença, fez uma grande reverência e disse:

— Majestade, tenho aqui um coelho oferecido pelo Marquês de Carabás.

O gato acabava de inventar aquele nome para seu amo: Marquês de Carabás.

— Pois diga a seu amo que agradeço muito — respondeu o rei.

Alguns dias depois, o gato escondeu-se entre uns feixes de trigo, sempre com o saco aberto, e apanhou duas perdizes. Sem perda de tempo, foi levá-las ao rei, que aceitou encantado o novo presente.

Por vários meses, o gato continuou levando presentes do suposto marquês para o rei.

Um dia, sabendo que o monarca pretendia passear perto do rio em companhia de sua filha, o gato disse ao seu amo:

— Siga meus conselhos e não vai se arrepender. É só tomar um banho no rio e deixar o resto por minha conta.

O jovem seguiu as instruções do animal, mesmo sem entender o motivo. Enquanto se banhava, a carruagem do rei passou por ali e o gato começou a gritar com todas as forças:

— Socorro! Socorro! O Marquês de Carabás está se afogando!

Ao ouvir esses gritos, o rei olhou pela janela da carruagem e reconheceu o gato que tantos presentes lhe trouxera. Na mesma hora, mandou seus guardas socorrerem o Marquês de Carabás. Enquanto isso, o gato explicou ao monarca que, enquanto seu amo tomava banho, apareceram uns ladrões e roubaram suas roupas. Mas, na verdade, o astuto gato havia escondido as roupas entre os arbustos.

Então o monarca mandou trazer as melhores roupas para o marquês, que lhe fez mil salamaleques. Como os ricos trajes que acabavam de lhe dar realçavam sua já bela figura, a filha do rei apaixonou-se perdidamente pelo jovem.

O gato ficou muito satisfeito ao ver que seu plano começava a dar resultado. Adiantou-se à comitiva e logo encontrou uns camponeses que cortavam capim num prado perto da estrada.

O gato aproximou-se deles e disse:

— Se não disserem ao rei que essas terras pertencem ao Marquês de Carabás, vão virar picadinho!

Quando o rei ordenou que a carruagem parasse, para perguntar a quem pertencia aquele belo prado, os camponeses disseram:

— É propriedade do Marquês de Carabás!

E o rei disse ao marquês:

— Você possui uma bela propriedade, meu caro amigo.

O astuto gato, que sempre seguia à frente, encontrou outros lavradores e repetiu-se a mesma cena ocorrida no prado.

Novamente, a carruagem do rei parou.

— A quem pertence esse trigo? — perguntou o monarca.
— Ao Marquês de Carabás, Majestade — responderam os lavradores. O rei voltou-se para o filho do moleiro:
— Vejo que é muito rico! — exclamou, com grata surpresa.

O gato de botas, que a todo momento adiantava-se à carruagem do rei, repetia o mesmo a todos os camponeses que encontrava no caminho. E assim, o rei chegou à conclusão de que o jovem marquês era imensamente rico.

Então o gato chegou a um belo castelo que, juntamente com as terras por onde haviam passado, pertencia a um riquíssimo feiticeiro.

O gato, que já havia se informado sobre os poderes do feiticeiro, bateu à porta do castelo e disse que não podia passar tão perto, sem ter a honra de lhe fazer uma visita.

O feiticeiro convidou-o a entrar e sentar-se.

— Garantiram-me — começou a dizer o gato — que você tem o incrível poder de se transformar em qualquer animal, e que pode muito bem virar um leão ou leopardo, se desejar.

— É verdade — respondeu o feiticeiro. — E para que veja com seus próprios olhos, vou me transformar num leão.

Na mesma hora, o feiticeiro pronunciou umas palavras estranhas e transformou-se num feroz leão. Assustado, o gato subiu no telhado até que o feiticeiro recuperasse a aparência humana.

— Disseram-me também — continuou o felino — que você é capaz de se transformar num animal pequeno, como um rato. Para mim, isso parece absolutamente impossível...

— Impossível? — exclamou o feiticeiro. — Você vai ver.

E transformou-se num ratinho. O gato não teve dúvidas e atirou-se sobre ele, devorando-o num segundo.

Naquele momento, o rei passava junto ao castelo e quis visitá-lo. O gato ouviu e foi depressa recebê-lo.

— Bem-vindo ao castelo do Marquês de Carabás — disse o gato.

— Este castelo também é seu? — perguntou o rei, surpreso. — É o mais bonito que já vi. Pode me mostrar por dentro?

— Com prazer — disse o marquês.

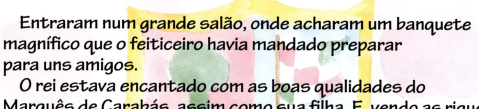

Entraram num grande salão, onde acharam um banquete magnífico que o feiticeiro havia mandado preparar para uns amigos.

O rei estava encantado com as boas qualidades do Marquês de Carabás, assim como sua filha. E, vendo as riquezas que possuía, disse após o banquete:

— Gostaria de se tornar meu genro, senhor marquês?

E o filho do moleiro, fazendo uma grande reverência, aceitou a honra que o rei lhe concedia, e naquele mesmo dia casou-se com a bela princesa. O gato de botas transformou-se num grande nobre e, depois disso, dedicou-se exclusivamente a caçar ratos para se distrair.

Riquete do Topete

Era uma vez uma rainha que teve um filho muito feio. Mas uma fada disse que ele seria amável e inteligente, e concedeu-lhe o dom de transmitir parte de seu talento à pessoa que mais amasse. Isso consolou um pouco a pobre mãe, que o chamou de Riquete do Topete, pois havia nascido com um grande tufo de cabelos no alto da cabeça.

Pouco tempo depois, a rainha de um país vizinho teve gêmeas. A primeira a nascer era uma menina lindíssima, mas a mesma fada afirmou que a princesinha seria tão tola quanto bela. Maior ainda foi a decepção da rainha ao ver que a segunda filha era extremamente feia.

— Não se aflija, senhora — disse a fada. — Esta menina terá tanto talento, que sua falta de beleza quase não será notada. Quanto à outra, a única coisa que posso fazer é conceder-lhe o dom de dar beleza a quem ela mais ame.

As duas princesas foram crescendo e, embora a beleza seja uma grande vantagem para uma jovem, graças a sua inteligência a irmã mais nova sempre se destacava, pois todos acabavam se aborrecendo com a princesa bonita. Ela daria, com prazer, toda a sua beleza em troca de metade da inteligência de sua irmã. Certo dia em que chorava sua desgraça no bosque, aproximou-se um rapaz muito feio, porém magnificamente vestido. Era o jovem Riquete do Topete, que, apaixonado por sua beleza, desejou ardentemente conhecê-la.

Riquete, vendo que a princesa estava muito triste, disse:

— Senhorita, não compreendo que uma pessoa tão bela como você esteja tão aflita. A beleza é um dom tão grande, que deve superar qualquer tristeza.
— Você é muito amável, cavalheiro — respondeu a princesa. — Mas eu preferia ser feia como você e ter inteligência, a ter tanta beleza e ser estúpida como sou.
— Não posso acreditar que não tenha inteligência, senhorita, mas se é isso

que lhe aflige, posso acabar com sua dor.

— Como fará isso? — perguntou a princesa.

— Tenho o dom de dar inteligência à pessoa que mais ame — disse Riquete do Topete. — E como essa pessoa é você, se casar comigo terá o talento que deseja.

A princesa foi apanhada de surpresa e não sabia o que responder.

— Sei que é difícil tomar esta decisão — prosseguiu Riquete — e por isso vou lhe dar um ano para decidir.

Para sair daquela situação tão difícil, a princesa aceitou.

Em seguida começou a sentir-se totalmente diferente e percebeu que conversava com desenvoltura e inteligência. Quando a princesa voltou ao palácio, todos se alegraram com a extraordinária mudança.

Então começaram a chegar príncipes de outros reinos, que tentavam conquistar a bela e agora inteligente princesa. Após descartar muitos pretendentes, apresentou-se um homem tão poderoso, rico e belo, que a jovem não pôde resistir.

Porém, como agora era sensata, a jovem pediu um tempo para refletir antes de se casar com ele.

Procurou a paz do bosque para meditar, mas encontrou ali grande alvoroço e muitas pessoas que preparavam uma festa magnífica.

Atônita diante do espetáculo, a princesa perguntou para quem trabalhavam.

— Trabalhamos para o príncipe Riquete do Topete, senhorita, que vai se casar amanhã.
A princesa ficou imóvel ao recordar, imediatamente, que um ano antes havia prometido casar-se com Riquete, que neste momento apareceu, muito decidido:
— Aqui estou, senhorita, decidido a manter minha palavra. Tenho certeza de que veio tornar-me o mais feliz dos homens, concedendo-me sua mão...

— Francamente, confesso que ainda não tomei uma decisão — respondeu a princesa.
— Isso me admira — respondeu Riquete. — Eu poderia desprezá-la por não cumprir sua palavra, mas como poderia fazer isso, quando minha felicidade está em jogo? Além de minha aparência, há algo em mim que a desagrade?

— De forma alguma — respondeu a princesa. — Gosto de tudo o que me diz.

— Sendo assim, você pode me tornar o mais feliz dos homens — disse Riquete.

— Como? — perguntou a princesa.

— Saiba, senhorita, que a mesma fada que me concedeu o dom de repartir minha inteligência, deu-lhe o dom de tornar belo o homem que amasse.

— Pois desejo de todo o coração que você, o mais gentil dos cavalheiros, transforme-se no mais formoso príncipe — disse a princesa.

Imediatamente, Riquete do Topete apareceu diante de seus olhos como o jovem mais bonito e amável do mundo, e no dia seguinte celebrou-se o casamento.

Há quem garanta que não foram os encantamentos da fada, e sim o amor, quem causou aquela metamorfose, pois a princesa, ao ver as boas qualidades de seu amado, já não percebeu mais a feiura de seu rosto.

O Rei Midas

Era uma vez um rei muito avarento, que se chamava Midas. Era fabulosamente rico, mas queria ser bem mais rico ainda. Embora não gastasse mais do que o indispensável, estava sempre repreendendo seu tesoureiro pelos gastos feitos. Nunca dava esmolas e os necessitados saíam de seu palácio desolados. Passava o dia nos cofres, contando suas riquezas e contemplando seu tesouro, encantado.

— Daria tudo para ser o rei mais rico do mundo! Queria ter mais ouro que qualquer outra pessoa! — dizia a todo instante.

Certa manhã, um duende apareceu à sua frente.

— Quem é você? — perguntou, surpreso, o rei Midas.

— Não está vendo? Sou um duende!

— Espero que não pretenda ficar muitos dias. Este ano a colheita foi fraca e não podemos gastar muito em comida...

— Pois vou compensar um pouco sua má sorte — disse o duende.

— Peça o que quiser e será concedido no mesmo instante.

O rei estava perplexo, mas achou que poderia conseguir o que havia desejado a vida toda.

— Desejo que tudo aquilo em que eu tocar se transforme em ouro! — disse o rei.

— Muito bem, seu desejo será cumprido — disse o duende, desaparecendo em seguida.

Para comprovar a magia do duende, o rei Midas pegou umas moedas de cobre e prata. Assim que tocou nelas, viraram reluzentes moedas de ouro.
— O duende tinha razão! Que prodígio! — exclamou o rei, fora de si, com os olhos brilhando de ambição. Tocou numa jarra de porcelana e ela se transformou em ouro. Depois tocou em todos os talheres, que eram de prata e se transformaram em ouro na mesma hora. E assim, muito contente e cada vez mais ambicioso, o rei Midas foi tocando em todos os objetos ao seu alcance, transformando-os em ouro.

O soberano já estava cansado de transformar objetos em ouro e, como sentiu fome, pediu que lhe trouxessem comida.

Quando lhe trouxeram a comida numa bandeja, quis provar um pedaço de pão, mas ele virou um duro pedaço de ouro. O rei ficou pensativo. Foi tomar vinho, mas ele também se transformou em ouro.

— Oh! Não posso comer! — disse o rei Midas, com tristeza.

Foi para sua biblioteca ler, mas, ao pegar um livro, ele se transformou num pesado bloco de ouro.

Cada vez mais preocupado, o rei tentou acariciar seu gato de estimação e o transformou numa estátua dourada.

Quis sentir o perfume de uma linda rosa, mas a transformou em ouro, também.

Inconformado, quis se distrair cavalgando em seu formoso cavalo branco. Mas, assim que tocou no precioso animal, ele se transformou numa estátua de ouro.
Então o rei começou a chorar sem parar e, ao escutar seus soluços, sua filha veio consolá-lo. Porém, quando o rei tocou em sua filha, ela também se transformou numa estátua de ouro.
— Maldito ouro! Deixe-me viver em paz! Tudo em que eu toquei transformou-se em ouro, até minha única filha! Ah, duende mágico, tenha compaixão deste pobre rei que, cego pela ambição, tornou-se o mais desgraçado dos mortais!

Então o duende apareceu novamente e, com pena do rei, desfez o encanto e disse:

— Rei Midas, quero que isto lhe sirva de lição e compreenda que o dinheiro não traz felicidade e que a ambição desmedida é fonte de tristezas.

O rei deu razão ao duende e, desde então, deixou de ser ambicioso e distribuiu suas riquezas aos necessitados, tornando-se um rei muito querido e respeitado por todo o seu povo.

Cinderela

Era uma vez um homem que se casou pela segunda vez com uma mulher arrogante e geniosa, que tinha duas filhas com o mesmo caráter. O marido, por sua vez, tinha uma filha doce e bondosa. Depois do casamento, a madrasta começou a mostrar sua maldade. Não suportava as boas qualidades de sua enteada, que tornavam suas filhas ainda mais antipáticas.

A pobre menina dormia sobre um duro colchão de palha, enquanto suas meio-irmãs dormiam em camas macias. Ela suportava tudo com paciência e não se atrevia a reclamar, para não deixar seu pai infeliz.

Quando terminava todas as tarefas, sentava-se sobre as cinzas perto do fogão a lenha, por isso chamavam-na de Cinderela. Apesar de suas velhas roupas, era mil vezes mais bonita que suas irmãs, sempre bem vestidas.

Certo dia o príncipe deu um grande baile no palácio e convidou todas as pessoas importantes do reino. As meio-irmãs de Cinderela também foram convidadas, e começaram imediatamente os preparativos para a grande festa. Tudo isso acarretava mais trabalho para Cinderela, pois era ela quem tinha que passar e engomar as roupas das irmãs.

Cinderela aprontou os vestidos e até se ofereceu para penteá-las. Enquanto experimentavam penteados, elas perguntaram:

— Você gostaria de ir ao baile?
— Sabem que não posso ir — respondeu Cinderela, com tristeza.
— Tem razão — disse a irmã mais velha, maliciosamente. — Todos ririam de você!

Enfim chegou o grande dia. As irmãs se foram e a pobre Cinderela ficou chorando desconsolada.

Mas sua fada-madrinha apareceu e, vendo-a desolada, perguntou o que estava acontecendo.

— Eu gostaria tanto de ir ao baile... — disse Cinderela, entre soluços.

— Como você é uma boa menina — disse a fada —, vou ajudá-la a ir ao baile. Primeiro, corra ao jardim e traga uma abóbora.

Cinderela levou para a fada a maior abóbora que encontrou. Então, com um toque de sua varinha mágica, a fada transformou a abóbora numa linda carruagem.

Depois pediu a Cinderela que abrisse a porta do celeiro. Saíram de lá quatro ratinhos, que foram transformados em lindos cavalos.

— Agora preciso de um cocheiro — disse a fada. — Há alguma coisa na ratoeira?

Havia uma ratazana com longos bigodes. Depois de tocá-la com sua varinha, a fada transformou-a num imponente cocheiro.

Por último, a fada disse que Cinderela encontraria seis lagartixas atrás do regador. Assim que a menina as trouxe, elas foram transformadas em seis elegantíssimos criados.

— Bem, você já está pronta para ir ao baile — disse a Cinderela.
— Mas como vou me apresentar com este vestido tão velho?

Com outro toque da varinha mágica, os trapos que vestia transformaram-se num vestido de ouro e prata, com deslumbrantes pedras preciosas. A fada completou sua maravilhosa obra entregando a Cinderela um par de sapatinhos de cristal.

Cinderela entrou na carruagem e, antes de partir, a fada-madrinha avisou:

— Volte para casa antes da meia-noite. Se demorar um minuto a mais, a carruagem se transformará em abóbora, os cavalos em ratos, os criados em lagartixas, e seu lindo vestido voltará a ser o que era antes.

— Prometo que sairei do baile antes da meia-noite — respondeu Cinderela. E a carruagem partiu, veloz.

Quando Cinderela apareceu, lindíssima, no salão onde os convidados estavam reunidos, todos ficaram impressionados. Ouviram-se sussurros de admiração, e todos perguntavam quem era aquela princesa desconhecida.
O príncipe, deslumbrado, convidou a recém-chegada para dançar. E não se separou dela a noite toda, parecia enfeitiçado.
Feliz como nunca, Cinderela perdeu a noção do tempo, esquecendo-se completamente dos avisos da fada.
E assim, ao soar a primeira badalada da meia-noite, soltou-se dos braços do príncipe e saiu correndo do palácio. Na pressa, perdeu um dos sapatinhos de cristal na escadaria. O príncipe, que havia saído atrás da jovem, apanhou o sapatinho e guardou-o com todo o cuidado.

Cinderela chegou em casa sem fôlego, sem carruagem, sem criados e com o velho vestido de todos os dias. Do rico traje que usara no baile restava apenas um dos sapatinhos de cristal.

Enquanto isso, o aflito príncipe perguntava aos guardas se não tinham visto uma princesa saindo do palácio. Os guardas responderam que só tinham visto uma moça mal vestida, que parecia mais uma camponesa que uma grande dama.

Quando as irmãs voltaram do baile, contaram a Cinderela sobre a linda princesa que havia atraído a atenção do príncipe. Contaram também que o filho do rei havia apanhado um sapatinho de cristal que a princesa perdeu ao sair correndo e que, durante o resto do baile, não fez outra coisa senão contemplá-lo, encantado. Mortas de inveja, confessaram que o príncipe parecia apaixonado pela desconhecida.

E era verdade, pois dias depois o príncipe mandou anunciar em todo o reino que se casaria com a dona do sapatinho.

Começaram a experimentá-lo em todas as princesas; depois nas duquesas, condessas e marquesas; mas em nenhuma delas servia o lindo sapatinho de cristal.

Até que chegou a vez das meio-irmãs de Cinderela. Fizeram de tudo para enfiar o pé no sapatinho, mas, como era de se esperar, não conseguiram.

Então, Cinderela pediu humildemente:

— Posso experimentar?...

As duas irmãs soltaram uma grande gargalhada, mas o fidalgo que trazia o sapatinho olhou para Cinderela e, achando-a muito bonita apesar dos farrapos que vestia, disse que tinha ordens para experimentar o sapatinho em todas as donzelas. Calçou o sapato no pé de Cinderela e viu que servia com perfeição.

A surpresa das duas irmãs foi imensa, mas foi ainda maior quando Cinderela tirou o outro sapato do bolso e calçou-o também.

Nesse instante, a fada-madrinha apareceu e, tocando com sua varinha mágica o pobre vestido de Cinderela, transformou-o no mais belo de todos. Ao vê-la assim enfeitada, as irmãs reconheceram nela a misteriosa princesa do baile. Atiraram-se a seus pés e pediram perdão por a tratarem tão mal.

Cinderela ajudou-as a se levantarem e, abraçando-as, disse que as perdoava de coração.

Chegando ao palácio do rei, o príncipe viu Cinderela mais linda do que nunca e deu ordens para acelerarem os preparativos do casamento, que foi celebrado poucos dias depois com grande esplendor.

Cinderela, que era tão bondosa quanto bela, levou as duas irmãs para morar no castelo e casou-as com dois grandes nobres da corte.

O Lobo e os Sete Cabritinhos

Mamãe Cabra vivia numa linda casinha no meio do bosque com seus sete cabritinhos, bonitos e inteligentes. Bilu se chamava o mais velho, que era preto como carvão. Bolo era o segundo, castanho e brilhante. Bela era a terceira, uma cabrita branca com manchas marrons como o quarto, Bili. A quinta era Bali, uma cabritinha branca de patas pretas; e o sexto, Boli, que era amarelo como trigo. Porém o mais gracioso de todos era Bulu, um cabritinho preto com uma mancha branca na testa.

Antes de mandá-los para a escola, Mamãe Cabra sempre dizia:

— Filhinhos, sejam aplicados e obedeçam à professora, se quiserem ser alguém na vida. E não se distraiam pelo caminho nem se desviem, pois sabem que o lobo é muito perigoso e está sempre por perto.

— Sim, mamãããe! Não se preocupe! — prometiam todos juntos.

Certo dia em que Mamãe Cabra precisava ir ao mercado, reuniu seus filhinhos e disse:

— Tenho que deixá-los sozinhos, pois preciso fazer compras. Tomem cuidado se o lobo aparecer, pois se perceber que estão sozinhos, vai entrar aqui e devorar todos vocês.

— Ai, mamãe! Que medo! — disse Bilu, o filho mais velho.

— Como vamos saber se é o lobo quem está batendo?

— É verdade que o lobo é muito esperto, e costuma se disfarçar. Mas poderão reconhecê-lo por sua voz rouca e suas patas pretas.

Mamãe Cabra foi ao mercado com sua cesta e os sete cabritinhos trancaram a porta e começaram a brincar.

Pouco depois, bateram à porta e uma voz rouca gritou:

— Abram logo, filhinhos. É a mamãe!

Os cabritinhos entreolharam-se, assustados, e então Bilu, o mais velho, respondeu:

— Não, senhor! Não vamos abrir a porta! Pensa que somos bobos? Você não é nossa mãe, você é o lobo! A mamãe tem a voz doce e a sua é rouca...

O lobo foi embora sem responder, bolando um plano para enganar os cabritinhos. Foi até a farmácia e pediu:

— Estou com dor de garganta e gostaria que me desse algo para suavizar a voz.

— Vou lhe dar umas pastilhas de hortelã, que são muito eficientes.

O lobo engoliu as pastilhas num segundo e voltou à casa dos cabritinhos. Bateu à porta, dizendo com voz doce:

— Abram, filhinhos, é a mamãe.

Desta vez os cabritos ficaram confusos. Seria verdade ou não?

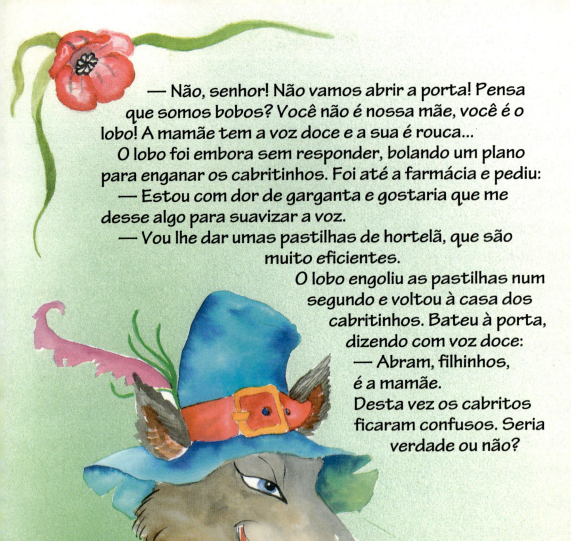

Bilu recordou os conselhos de sua mãe e gritou:
— Mostre-nos sua pata, mamãe, e assim teremos certeza.
O lobo, então, enfiou a pata pelo buraco da porta.
— Não vamos abrir, seu malvado! Você é o lobo, e não a mamãe! Ela tem as patas brancas e a sua é preta!
Enfurecido, o lobo foi a uma padaria.
— Ei, amigo padeiro! Enquanto fritava bolinhos, o óleo espirrou e queimou minhas patas. Dizem que pôr um pouco de massa sobre a queimadura é o melhor remédio...
O padeiro teve pena e colocou massa em suas patas, que ficaram brancas e cobertas de farinha. Então o lobo voltou à casa dos cabritos.
— Meus filhinhos — disse com voz suave —, sua querida mamãezinha já está de volta. Abram a porta.

— Mostre as patas, primeiro, ou não acreditaremos — disseram eles.

O lobo, muito satisfeito, enfiou as patas pelo buraco da porta, dizendo:

— Fico feliz por serem tão cuidadosos, queridos. Vejam minhas patas...

Estavam tão brancas e delicadas as patas do lobo, que os cabritinhos não tiveram mais dúvidas e abriram a porta. Que susto, pobrezinhos, quando viram entrar o lobo!

Apavorados, um entrou debaixo da mesa; outro, debaixo da cama; outro, dentro do forno, que felizmente estava apagado; Bulu, o caçulinha, escondeu-se dentro do relógio.

Mas não adiantou. O esperto lobo revistou a casa toda e foi devorando todos, um a um. Só Bulu se salvou.

O lobo comeu tanto, que sentiu sono e resolveu dormir à sombra de uma árvore.

— Uááá!... — bocejou o lobo. — Vou tirar uma bela soneca!

E pouco depois roncava tranqüilamente. Enquanto isso, Mamãe Cabra chegava em casa. Que surpresa atroz, quando viu a porta aberta e tudo de pernas para o ar!

Muito aflita, começou a chamar
seus filhinhos, mas ninguém respondia. Como
poderiam responder, se estavam na barriga do lobo?
Mas Bulu reconheceu a voz da mamãe e gritou:
— Mamãezinha! Estou aqui! Fiquei com tanto medo...
Mamãe Cabra tirou Bulu do esconderijo e ele contou
o que havia acontecido. Como chorou, a Mamãe Cabra!
Mas ela era valente e decidiu castigar o lobo mau.
Saiu pelo bosque, seguida por Bulu, e não demoraram
muito para descobrir o lobo, adormecido sob a árvore.
Mamãe Cabra estava prestes a enfiar os chifres na
barriga do malvado, quando viu algo se mexendo lá dentro.

— Veja, Bulu! Seus irmãozinhos estão vivos na barriga do lobo! Corra e traga-me a faca de cozinha. Quando Bulu trouxe a faca, Mamãe Cabra foi abrindo a barriga do lobo, com todo o cuidado. Ah, que alegria! Todos os seus filhos saíram vivinhos e contentes ao verem a mamãe.
— Corram até o rio — disse Mamãe Cabra — e tragam seis pedras bem grandes. Com elas na barriga, o lobo não vai notar a diferença.

Os cabritinhos trouxeram as pedras e Mamãe Cabra colocou todas na barriga do lobo, depois costurou-a cuidadosamente. Pouco depois, o lobo acordou.
— Puxa, que sede! — disse, esticando as patas. Chegou ao rio e esticou o pescoço para beber. Mas o peso das pedras o arrastou e ele caiu de cabeça na água. E, embora soubesse nadar, sua barriga cheia de pedras o fez afundar e ele nunca mais saiu de lá.

Índice

Andersen

A Pequena Sereia	8
Polegarzinha	20
O Soldadinho de Chumbo	30
A Vendedora de Fósforos	42
A Roupa Nova do Imperador	50
O Patinho Feio	60
A Princesa e a Ervilha	68

GRIMM

Branca de Neve	76
O Alfaiate Valente	88
A Bela Adormecida	100
João e Maria	108
Chapeuzinho Vermelho	128
Os Músicos de Bremen	138

PERRAULT

O Flautista de Hamelin	146
Barba Azul	156
O Pequeno Polegar	164
Rapunzel	174
O Gato de Botas	184
Riquete do Topete	194
O Rei Midas	204
Cinderela	212
O lobo e os Sete Cabritinhos	224